KB139897

산림정책과 산림문화 역사성 규명을 위한

국역 유산기

國譯 遊山記

산림정책과 산림문화 역사성 규명을 위한

국역 유산기

國譯 遊山記

초판인쇄 2014년 12월 31일
초판발행 2014년 12월 31일

편저자 국립수목원
펴낸이 채종준

펴낸곳 한국학술정보(주)
주 소 경기도 파주시 문발동 파주출판문화정보산업단지 513-5
전 화 031-908-3181(대표)
팩 스 031-908-3189
홈페이지 http://ebook.kstudy.com
E-mail 출판사업부 publish@kstudy.com
등 록 제일산-115호(2000. 6. 19)
도서발간등록번호 11-1400119-000227-10

ISBN 978-89-268-6791-4 93910

정부간행물발간등록번호
11-1400119-000227-10

산림역사 자료 연구총서 3 - 경상남도

산림정책과 산림문화 역사성 규명을 위한

국역 유산기

國譯 遊山記

국립수목원 편저

 우리나라는 국토의 64%가 산으로 이루어져 전국에 걸쳐 명산과 문화 유적들이 두루 산재해 있습니다. 특히 경상남도 지역은 지리적으로 우리나라의 등줄기를 이루는 태백, 소백산맥과 고산준령이 병풍처럼 이어져 자연경관이 수려하며 역사적으로 많은 훌륭한 인물을 배출한 고장입니다.

 이번에 발간한 경상남도 유산기는 경상남도 지역 산림역사자료의 유형별 분류 및 활용에 관한 연구의 일환으로 경상북도산림과학박물관에서 조사한 총 110편의 조선시대 선비들이 남긴 글 중 20편을 발췌 번역한 귀중한 자료입니다.

 유산기는 말 그대로 산수 간을 노닌 일을 기록한 것입니다. 이를 통해 우리 선조들의 유교문화와 산림문화의 오묘한 만남을 발견할 수 있습니다. 산수유기를 통해 주체의 관찰과 행위를 알 수 있으며, 자연 앞에 인간의 왜소함을 돌아보는 겸허를 배웁니다. 솜씨 좋은 사진을 보듯 펼쳐지는 경관, 꼼꼼하고 치밀한 선인들의 기록정신, 봉우리의 유래와 산비탈의 모습과 능선의 굴곡이 눈앞에서 펼쳐집니다.

 이처럼 아름다운 경상남도 지역의 명산 유산기를 한 권의 책으로 담아 봅니다. 아무쪼록 등산 가방 하나 둘러메고 경상남도 지역의 산야를 찾는 이들에게 우리 전통산림문화를 이해하는 길잡이가 될 수 있기를 기대합니다. 아울러 이 책의 발간을 통해 창조적 산림휴양문화의 복원과 조선시대 생활사, 사회사, 지성사, 문화사의 소중한 기초연구자료로 활용되었으면 하는 작은 바람도 있습니다. 마지막으로 이 책이 나오기까지 고생하신 모든 분들께 진심으로 감사의 인사를 올립니다.

2014년 12월
국립수목원장 이유미

| 목차 |

머리말 … 004

1

지리산기

智異山記

이륙李陸

이륙(李陸, 1438~1498): 자는 방옹(放翁), 호는 청파(靑坡), 본관은 고성(固城)이다. 1459년(세조 5) 사마시에 합격하였고 1464년(세조 10)에 문과에 급제하여 성균관 직강 · 예문관 응교 등을 거쳐 성균관 대사성 · 예조참판 등을 지냈다. 저서에 『청파집(靑坡集)』이 있다.

해제解題

「지리산기智異山記」는 이륙李陸, 1438~1498의 문집인 『청파집青坡集』에 수록되어 있다. 지리산의 위치와 산중 사찰의 위치, 그리고 형세에 관해 기록하고 있다. 두류산頭流山이라고도 불리는 지리산은 영남과 호남의 두 길이 교차하는 곳에 자리해 있는데, 사방四方의 지역에 대한 위치를 더욱 자세히 기록하고 있다. 또한 향적사香積寺·영신사靈神寺·의신사義神寺·신흥사新興寺·쌍계사雙谿寺·칠불사七佛寺 등의 사찰이 위치한 곳과 사찰 주변의 평야와 험준한 산세를 나타내주고 있다. 특히 보암사普菴寺에서 천왕봉天王峯으로 가는 길은 느티나무 그늘이 하늘을 가리고 그 밑에는 가는 대나무가 빽빽하게 우거져 있어, 앞으로 나아가면 발꿈치를 돌릴 수 없고, 돌아서면 후미를 볼 수 없어서 마땅히 수십 그루의 나무를 베어야만 비로소 조금이나마 하늘을 볼 수 있을 것이라고 표현하고 있다. 산의 벼랑과 골짜기 사이에는 얼음과 눈이 여름이 지나도록 녹지 않으며, 겨울이 되면 온 골짜기가 눈으로 덮여 사람들이 왕래할 수 없다고 기록하고 있다.

국역國譯

지리산[1]은 또 두류산頭流山이라고 한다. 영남과 호남의 두 길이 교차하는 곳에 웅장하게 자리해 있는데, 높고 넓어서 몇백 리나 되는지 알 수 없다. 산을

---

1) 지리산(智異山): 방장산(方丈山)·두류산(頭流山)이라고도 한다. 남한에서 2번째로 높은 산으로 행정구역상 전라남도 구례군, 전라북도 남원군, 경상남도 산청군·함양군·하동군 등 3개도 5개 군에 걸쳐 있다. 높이는 1,915m, 동서 길이는 50㎞, 남북 길이는 32㎞, 둘레는 약 320㎞이다.

빙 둘러서 목牧이 하나, 부府가 하나, 군郡이 둘, 현縣이 다섯, 부읍附邑[2]이 넷 있다. 그 동쪽은 진주晉州와 단성丹城, 경남 산청군 단성면이고, 그 남쪽은 곤양昆陽, 경남 사천시 곤양면·하동河東·살천薩川, 경남 산청군 시천면·적량赤良, 경남 하동군 적량면·화개花開·악양岳陽, 경남 하군동 악양면이고 그 서쪽은 남원南原·구례求례·광양光陽이고, 그 북쪽은 함양咸陽과 산음山陰, 경남 산청군이다. 위쪽에 있는 봉우리 중에서 가장 높은 것이 두 개인데, 동쪽에 있는 것이 천왕봉天王峯, 서쪽에 있는 것이 반야봉般若峯이다. 서로 떨어져 있는 거리가 백 여리나 되고, 항상 구름에 가려 있다.

천왕봉에서 조금 내려가 서쪽으로 가면 향적사香積寺가 있고, 또 서쪽으로 40리쯤 가면 가섭대迦葉臺가 있으며, 대 남쪽에는 영신사靈神寺가 있다. 서쪽으로 20여 리를 내려가면 텅 빈 넓은 땅이 있는데, 평평하고 비옥하며 가로세로 대개 6~7리가 되는 곳으로, 왕왕 물이 적셔주어 곡식을 심기에 알맞다. 오래된 잣나무가 하늘을 가리고 있어 쌓인 낙엽에 무릎이 빠질 정도이고, 가운데에서 사방을 둘러봐도 끝이 없어서 완연한 하나의 평야이다. 굽이굽이 남쪽으로 계곡을 따라 내려가면 의신사義神寺·신흥사新興寺·쌍계사雙磎寺 세 개의 절이 있다. 의신사에서 서쪽으로 꺾어서 20여 리를 가면 칠불사七佛寺가 있고, 쌍계사에서 동쪽으로 가다가 고개 하나를 넘으면 불일암佛日菴이 있다. 그 밖의 이름난 가람과 빼어난 사찰은 이루 다 기록할 수 없다. 산 정상에 있는 향적사 등 여러 사찰은 모두 나무판자로 지붕을 덮었는데, 거처하는 승려는 없다. 오직 영신사만이 기와를 이었으나, 거처하는 승려도 한둘에 불과하고 산세가 매우 험준하여 마을 사람과 접할 수 없으니 자연 고승이 아니면 이곳을 편안히 여기는 자가 드물 것이다.

물이 영신사의 작은 샘에서 흘러나와 신흥사 앞에 이르러서는 이미 큰 내를

---

2) 부읍(附邑): 고려, 조선시대 지방관이 파견되어 있던 주현(主縣)에 속해 있었던 속현(屬縣)을 달리 부르던 용어이다. 속현은 임내(任內)·겸현(兼縣)·합속현(合屬縣)·부읍(附邑)·지현(支縣) 등으로 표현되었는데, 후에 임내로 표현되는 경우가 일반적이었다.

이루어 섬진강으로 흘러들어 가는데, 이곳이 화개동천花開洞川이다. 천왕봉에서 동쪽으로 내려가면 천불암千佛菴과 법계사法戒寺가 있다. 천불암에서 조금 북쪽으로 올라가면 작은 굴이 있는데, 동쪽으로 큰 바다를 굽어보고 서쪽으로 천왕봉을 등지고 있어 지극히 맑고 운치가 있는데 바위를 법주굴法主窟이라 부른다.

또 두 개의 물줄기가 있는데 하나는 향적사 앞에서 발원하고 하나는 법계사 아래에서 발원하여 살천에 이르러 합쳐져 하나가 되어, 소남진召南津 하류로 들어가 진주를 빙 돌아서 동쪽으로 흘러가는데 이를 청천강菁川江이라 한다. 소남진은 산 북쪽의 물이 굽이굽이 동쪽으로 흘러와서 단성현에 이르고, 다시 꺾여 서쪽으로 흐른다. 살천촌에서 20여 리를 가면 보암사普菴寺가 있다. 살천촌 안쪽을 내산內山이라 부르고 바깥쪽을 외산外山이라 한다.

보암사에서 곧바로 빠르게 올라가면 하루 반나절 만에 천왕봉에 도달할 수 있지만, 벼랑과 바위가 험준하여 지름길을 찾기 어렵다. 또 느티나무 그늘이 하늘을 가리고 그 밑에는 가는 대나무가 빽빽하게 우거져 있다. 간혹 죽은 나무가 천길 벼랑에 걸쳐 있는데 이끼가 부스러져 떨어진다. 또한 폭포수가 멀리 구름 끝에서 날아오는 듯 그 사이에 부딪혀서 아득히 아래로 쏟아져 내리니, 앞으로 나아가면 발꿈치를 돌릴 수 없고, 돌아서면 후미를 볼 수 없다. 마땅히 수십 그루의 나무를 베어내야 비로소 조금이나마 하늘을 볼 수 있다. 호사가들이 이따금 돌덩이를 주워서 바위 위에 놓고 길을 표시한다.

벼랑과 골짜기 사이에는 얼음과 눈이 여름이 지나도록 녹지 않는다. 6월에 처음 서리가 내리고, 7월에 눈이 시작되고, 8월에는 두꺼운 얼음이 언다. 겨울이 되면 첫눈부터 많이 내려, 온 골짜기가 다 눈으로 덮여서 사람들이 왕래할 수 없다. 그러므로 이 산에 사는 사람들은 가을에 들어갔다가 이듬해 늦봄이 되어서야 내려온다. 혹 산 아래에서는 크게 천둥과 번개가 치고 비가 쏟아지더라도 산 위는 청명하여 구름 한 점 없다. 이것은 대개 산이 높아 하늘에 가까워서 기후가 평지와는 판이하기 때문이다.

　이 산은, 아래에는 감나무와 밤나무가 많고 조금 위쪽에는 모두 느티나무뿐이다. 느티나무가 있는 곳을 지나면 잎갈나무·전나무가 가득한데, 절반이나 말라죽어 푸르고 흰 것이 사이사이에 섞여 있어서 바라보면 그림과 같다. 바위 위에는 단지 철쭉뿐인데 키가 한 자가 되지 않는다. 향기로운 산나물과 진귀한 과일이 다른 산보다 많아서 이 산 가까이에 있는 사람들은 자주 그 혜택을 받는다.

원문原文

智異山. 又名頭流. 雄據嶺湖南二路之交. 高廣不知其幾百里. 環山有一牧一府二郡五縣四附. 其東曰晉州. 曰丹城. 其南曰昆陽. 曰河東. 曰薩川. 曰赤良. 曰花開. 曰岳陽. 其西曰南原. 曰求禮. 曰光陽. 其北曰咸陽. 曰山陰. 上有峯之最高者二. 東曰天王. 西曰般若. 相距百餘里. 常有雲氣蔽之. 自天王稍下而西. 有香積寺. 又四十里許. 有迦葉臺. 臺之南. 有靈神寺. 西下二十餘里. 有虛曠之地. 平衍肥膴. 縱橫皆可六七里. 往往水濕宜種穀. 有老柏參天. 落葉沒脛. 中處而四顧無涯際. 宛然一平野. 逶迤南下. 沿磎有義神, 新興, 雙磎三寺. 自義新西折二十餘里. 有七佛寺. 自雙磎東踰一嶺. 有佛日菴. 自餘名藍勝刹. 不可殫記. 而在山之絶頂者香積等數寺. 皆覆木板. 無居僧. 唯靈神. 用陶尾. 然居僧亦不過一二. 以山勢絶峻. 不與村居相接. 自非高禪. 鮮有安焉者.

有水源自靈神小泉. 至新興前. 則已爲大川. 流入蟾津. 是爲花開洞川. 自天王東下. 有千佛菴, 法戒寺. 自千佛小北而上. 有小窟. 東臨大海. 西負天王. 絶有淸致. 號巖法主窟.

又有二水. 一自香積前. 一自法戒下. 至薩川. 合而爲一. 流入于召南津之下. 繞晉而東. 是謂菁川江. 召南津者. 山北之水. 迤東而來. 至丹城縣. 又折而西. 自薩川村. 行二十餘里. 有普菴寺. 其薩川村以内. 謂之内山. 外謂之外山云.

自普菴直上急行. 一日有半. 可到天王峯. 然崖石峻險. 無谿徑可尋. 又槐陰蔽天. 下有細竹森密. 或有死木橫千仞之崖. 苔鮮剝落. 又有飛泉. 遠自雲端. 衝冒其間. 下注不測. 進不旋踵. 回不見後. 當斬數十木. 始可見尺天. 好事者往往棺石塊. 置巖上以表路.

崖谷之間. 氷雪徑夏不消. 六月始霜. 七月始雪. 八月大氷合. 迨冬初雪甚. 谿壑皆平. 人不得往來. 故居山者秋而入. 至明年春暮乃下. 或山下大雷電以雨. 而山上則淸明無一點雲. 蓋山高近天. 氣候自與平地頓異者.

大抵爲山. 下多柹栗樹. 稍上皆槐. 過槐盡杉檜. 參半枯死. 靑白雜然相間. 望之如畫. 巖上只有躑躅. 木不滿尺. 凡佳蔬異果. 盛於他山. 近山數食其利.

출전: 李陸, 『靑坡集』「智異山記」

2

유천왕봉기

遊天王峰記

남효온南孝溫

남효온(南孝溫, 1454~1492): 생육신의 한 사람이다. 자는 백공(伯恭), 호는 추강(秋江)·행우(杏雨)·최락당(最樂堂)·벽사(碧沙), 본관은 의령이다. 죽은 뒤인 1498년(연산군 4) 무오사화(戊午士禍)가 일어났을 때, 김종직(金宗直)의 문인으로 지목되었고, 1504년(연산군 10) 갑자사화(甲子士禍)가 일어나자, 소릉 복위를 상소했던 일이 다시 논죄되었다. 1513년(중종 8) 소릉 복위가 실현됨에 따라 죄가 풀려서 좌승지에 추증되었고, 숙종 대에 이르러 함안 백이산(伯夷山) 밑에 서산서원(西山書院)을 세워 원호(元昊)·이맹전(李孟專)·김시습(金時習)·조여(趙旅)·성담수(成聃壽) 등과 함께 배향되었는데, 이들을 생육신이라 일컫는다. 1782년(정조 6) 이조판서에 추증되었다. 저서로 『추강집(秋江集)』·『추강냉화(秋江冷話)』·『사우명행록(師友明行錄)』·『귀신론(鬼神論)』·『육신전(六臣傳)』 등이 있다. 고양 문봉서원(文峰書院)·장흥 예양서원(汭陽書院)·영월 창절사(彰節祠)·의령 향사(鄕祠) 등에 제향되었다. 시호는 문정(文貞)이다.

해제解題

「유천왕봉기遊天王峯記」는 『추강집秋江集』에 수록되어 있는 것으로, 남효온南孝溫, 1454~1492이 정미년1487, 성종 18 9월 그믐에 지리산 천왕봉을 유람하고 남긴 기행문이다. 동행자는 밝히지 않았으며, 여행의 경로 또한 자세하지 않고 다만 천왕봉만 밝혀져 있다. 지리산의 주요 산세와 주변 고을과 마을, 동물과 토산물에 대한 설명과 점필재 김종직이 지리산을 방장산이라고 한 유래를 적고 있다. 또한 불사초의 전설을 언급하고 천왕봉이 올라보니 속세의 생각이 흩어지고 신기神氣가 상쾌해짐을 느꼈다는 감상을 기록해 두었다.

국역國譯

지리산이 남해 가에 있고 뭇 산 중에서 제일 뛰어난데, 그중 가장 꼭대기가 천왕봉天王峯[3]이다. 천왕봉의 기세가 북쪽으로 달려가다가 머물러 커다란 하나의 산이 된 것이 중봉中峯이고, 남쪽으로 뻗어 가다가 하나의 산봉우리가 된 것이 빙발봉氷鉢峯이다. 또 서남쪽으로 달려가다가 하나의 큰 내를 이룬 듯한 것이 반야봉般若峯이고 다시 남쪽으로 가 하나의 산이 된 것이 화엄봉華嚴峯이고, 서쪽으로 가 하나의 산이 된 것이 보문봉普門峯이다.

성화成化[4] 23년 정미년1487, 성종 18 9월 그믐날, 내가 천왕봉에 올랐는데, 푸른 바다가 하늘에 맞닿아 있었고, 줄지어 늘어선 여러 산봉우리들은 헤아릴 수 있을 정도였다.

---

3) 천왕봉(天王峯): 지리산의 최고봉으로 높이가 1,915m이다.
4) 성화(成化): 명나라 헌종(憲宗) 때의 연호로 1465~1487년 사이이다.

지리산의 동북쪽은 경상도이다. 상주尙州에 있는 것이 갑장산甲長山이고, 김산金山, 경북 김천이 직지산直旨山, 성주星州가 가야산伽倻山, 현풍玄風이 비슬산毗瑟山, 대구大丘가 공산公山, 팔공산, 선산善山이 금오산金烏山, 초계艸溪가 미륵산彌勒山, 의령宜寧이 도굴산闍崛山, 영산靈山이 영취산靈鷲山, 창원昌原이 황산黃山, 양산梁山이 원적산元寂山, 김해金海가 신어산神魚山, 사천泗川이 와룡산臥龍山, 하동河東이 금오산金鰲山, 남해南海가 금산錦山이다. 금산과 와룡산 사이로 산이 멀리 바다 저쪽에 있는데, 거제도巨濟島이다.

지리산의 서남쪽은 전라도이다. 홍양興陽에 있는 것이 팔전산八巓山이고, 그 서쪽이 진도珍島, 강진康津이 대둔산大屯山, 해남海南이 달마산達磨山, 영암靈巖이 월출산月出山, 광양光陽이 백운산白雲山, 순천順天이 조계산曹溪山, 광주光州가 무등산無等山, 부안扶安이 변산邊山, 정읍井邑이 내장산內藏山, 전주全州가 모악산母岳山, 고산高山이 화암산花巖山, 장수長水가 덕유산德裕山이다.

지리산의 서북쪽은 충청도忠淸道이다. 공주公州에 있는 것이 계룡산鷄龍山이고, 보은報恩이 속리산俗離山이다.

여러 산이 지리산 아래 줄지어 있고, 이름 없는 작은 산이 무려 천만 개나 맑은 이내 속에 나타났다 사라진다. 지리산 기슭을 둘러싸고 있는 군현郡縣 아홉 개는 함양咸陽 · 산음山陰 · 안음安陰 · 단성丹城 · 진주晉州 · 하동河東 · 구례求禮 · 남원南原 · 운봉雲峯이다.

산에서 나는 감, 밤, 잣은 과일로 쓰이고, 인삼, 당귀는 약으로 쓰이며, 곰, 돼지, 사슴, 노루, 산나물, 석이버섯은 반찬으로 쓰인다. 범, 표범, 여우, 살쾡이, 산양, 날다람쥐는 가죽으로 이용되고, 매는 매사냥에 사용된다. 대나무는 생활용품으로 쓰이고, 나무는 집 짓는 데 쓰이며, 소나무는 관을 만드는 데 쓰인다. 냇물은 논에 물 대는 데 쓰고, 도토리는 기근 들 때 쓴다.

대개 높고 큰 산이 비록 그 움직임은 보이지 않으나, 공리功利와 물산物産이

이와 같으니, 비유하자면 성인聖人이 옷깃만 드리우고 가만히 앉아 있어도 천하가 잘 다스려지는 것과 같다. 비록 황제의 힘이 우리에게 더해지는 것은 보이지 않으나 재성보상裁成輔相[5]의 도를 베풀어 사람들을 좌지우지하는 것이니, 대단하구나, 이 산이 성인과 비슷함이여!

점필재佔畢齋[6] 김 선생은 자미子美[7]의 '방장삼한方丈三韓[8]'이라는 말에 의탁하여 이 산을 방장산이라고 생각했다. 중국인들은 모두 이 산에 불사초不死艸가 있다고 여겼다지만, 이것은 알 수 없다. 아마 산 밑에 사는 사람들이 산속에서 나는 것들에 의지해서 살고 자라므로 '이 산의 도움으로 살아났다'는 말이 중국에 잘못 전해져서, 실제로 바다 밖의 방장산에 정말 불사초가 있다고 생각했고, 진시황秦始皇이나 한 무제漢武帝처럼 삶에 대한 탐욕이 지극한 자들이 이것을 듣고 바다를 건너서 구하려 한 것이리라.

내가 천왕당天王堂 돌부리에 앉아, 잠깐 둘러보니, 속세의 생각이 흩어지고, 정신과 기운이 상쾌해진다. 그러나 생각해 보면, 나는 명리의 굴레에 몸이 매이고, 부모 받들고 자식 키우느라 산에 오르고 물가에 가는 날이 적었다. 함께 온 승려 일경一冏과 의문義文에게 물어보았더니, 내가 직접 본 것이 훗날 집에 돌아가서 처자식이 굶주림에 울고 노비가 춥다고 호소하며, 온갖 근심이 마음을 어지럽히고, 나쁜 버릇이 마음에 가득할 때, 이것을 보면 거의 오늘의 흥취

---

5) 재성보상(裁成輔相): 『주역(周易)』「태괘(泰卦)」에 나오는 말로, 지나친 것을 억제하고 모자란 것을 보충해서 천지간에 조화가 이루어지도록 돕는 성인 혹은 임금의 일을 말한다.

6) 점필재(佔畢齋): 김종직(金宗直, 1431~1492)의 호이다. 자는 계온(季昷), 본관은 선산(善山)이다. 1459년(세조 5) 식년문과에 급제하였고, 1489년(성종 20) 지중추부사에 올랐으나, 병으로 물러나기를 청하고 고향 밀양에 돌아가 후학들에게 경전을 가르쳤다. 「조의제문(弔義帝文)」으로 무오사화(戊午士禍) 때 부관참시 당했다가, 중종이 즉위한 뒤 죄가 풀리고 관작이 회복되었으며, 1689년(숙종 15)에는 송시열(宋時烈)과 김수항(金壽恒)의 건의로 영의정에 추증되었다. 저서로 『점필재집(佔畢齋集)』, 『당후일기(堂后日記)』, 『청구풍아(靑丘風雅)』, 『동문수(東文粹)』, 『여지승람(輿地勝覽)』 등이 있다. 시호는 문충(文忠)이다.

7) 자미(子美): 자미는 두보(杜甫, 712~770)의 자이다. 두보는 중국 당나라 때의 시인으로 이백(李白, 701~762)과 더불어 중국의 최고 시인으로 일컬어진다.

8) 방장삼한(方丈三韓): 두보(杜甫)의 시에 "방장산은 삼한 밖에 위치하고, 곤륜산은 만국 서쪽에 솟아 있네方丈三韓外 崑崙萬國西"라는 구절이 있다(『두소릉시집(杜少陵詩集)』 권3 「봉증태상장경경(奉贈太常張卿垍)」 20운).

를 떠올릴 수 있을 것이라고 하였다.

원문原文

智異山在南海濱. 最秀於衆山. 其中上頂曰天王峯. 峯勢北走. 止爲一岳. 曰中峯. 南迤爲一嶂. 曰永鉢峯. 又西南走. 成一大川. 曰般若峯. 又南爲一岳. 曰華嚴峯. 西爲一岳. 曰普門峯.

成化二十三年歲在丁未九月晦日. 余登天王峯. 滄溟際天. 列嶽可數.

山之東北則慶尙道. 在尙州曰甲長. 金山曰直旨. 星州曰伽倻. 玄風曰毗瑟. 大丘曰公山. 善山曰金烏. 艸溪曰彌勒. 宜寧曰闍崛. 靈山曰靈鷲. 昌原曰黃山. 梁山曰元寂. 金海曰神魚. 泗川曰臥龍. 河東曰金鰲. 南海曰錦山. 錦山臥龍之間. 有山遠在海表. 曰巨濟.

山之西南則全羅道. 在興陽曰八巓. 其西曰珍島. 康津曰大屯. 海南曰達磨. 靈巖曰月出. 光陽曰白雲. 順天曰曹溪. 光州曰無等. 扶安曰邊山. 井邑曰內藏. 全州曰母岳. 高山曰花巖. 長水曰德裕.

山之西北則忠淸道. 在公州曰鷄龍. 報恩曰俗離.

諸山列在山下. 無名小山. 無慮千萬嶂. 出沒晴嵐中. 環山麓而郡縣者九. 曰咸陽·山陰·安陰·丹城·晉州·河東·求禮·南原·雲峯.

山有柿·栗·柏子資果. 人蔘·當歸資藥. 熊·豕·鹿·獐·山蔬·石茸資饌. 虎·豹·狐·貍·山羊·靑鼠資皮. 鷹資搏獵. 竹資工用. 木資室屋. 松資棺槨. 川資灌漑. 橡資凶歉.

蓋高山大嶽. 雖不見其運動. 而功利及物如是. 比如聖人垂衣拱手. 雖未見帝力之我加. 而設爲裁成輔相之道以左右人也. 甚矣茲山之有似於聖人也.

佔畢齋金先生. 據子美方丈三韓之語. 以此爲方丈山. 中國人皆以玆山有不死艸. 此則未可知也. 豈山下人資山中所産. 以生以育曰. 賴玆山以活. 傳訛於中國者. 實謂海外方丈. 眞有不死之草. 貪生極慾如秦皇, 漢武者聞之. 航海而求之耶.

余坐天王堂之石角. 回眺移時. 塵懷散落. 神氣怡然. 第念俗士身繫名韁. 仰事俯育之際. 登山臨水之日爲少. 問諸同來釋者. 一回義文親所目擊. 異日還家. 妻子啼飢. 奴婢呼寒. 百慮亂心. 習氣盈懷. 觀此. 庶幾有今日之興云.

출전: 南孝溫, 『秋江集』 「遊天王峰記」

3

두류산선유기

頭流山仙遊記

박민朴敏

박민(朴敏, 1566~1630): 자는 행원(行遠), 호는 능허(凌虛), 본관은 태안(泰安)이다. 정구(鄭逑)의 문인이고, 정묘호란 때 강우의병장(江右義兵將)으로 추대되었다. 죽은 뒤 좌승지에 추증되었고, 진주 정강서원(鼎岡書院)과 정산(鼎山) 향현사(鄕賢祀)에 제향되었다.

해제解題

「두류산선유기頭流山仙遊記」는 『능허집凌虛集』에 수록된 것으로, 박민朴敏, 1566~1630이 병진년1616, 광해군 8 12월에 부사 소선의 권유로 아들 박어문, 박여간과 강사순, 정희숙, 이근지 등과 함께 지리산을 유람하고 남긴 기행문이다. 구체적인 여행의 경로와 지명 등은 밝혀져 있지 않고 세세한 유람기록도 적혀 있지 않다. 다만 신선이 놀던 산에 올라가 즐겁게, 맑게 놀았다는 내용으로 채워져 있다. 또한 세세한 내용은 선현들의 기록에서 자세히 표현했기 때문에 군말을 덧붙일 수가 없다는 것으로 유람기를 대신하였다.

국역國譯

나는 일찍이, 사람들이 병이 될 만한데도 병으로 여기지 않고, 즐거움이 될 만한데도 즐거움으로 여기지 않는다고 생각했었는데, 어째서인가? 부귀공명과 이해득실에 마음을 어지럽히고 평생을 허비하는 것이 내가 말한 병이 될 만한 것이 아니겠는가? 아름다운 산과 맑은 물, 밝은 달과 시원한 바람을 마음껏 찾아 구경하고 혼탁한 세상을 벗어나 즐겁게 노니는 것이 내가 말한 즐거움이 될 만한 것이 아니겠는가? 병이 될 만한 것을 병으로 여기고, 즐거움이 될 만한 것을 즐거움으로 여기는 것을 어느 누가 잘할 수 있는가?

하루는 부사浮查9) 소선少仙이 나에게 한가롭게 유람하자고 하여 곧바로 행장을 준비하였는데, 소선은 진실로 즐거움이 될 만한 것을 즐거움으로 여기는 사

---

9) 부사(浮查): 성여신(成汝信, 1546~1632)의 호이다. 성여신의 자는 공실(公實), 호는 부사(浮查)·소선(少仙), 본관은 창녕(昌寧)이다. 조식(曺植)의 문인이고, 1609년(광해군 1) 64세로 사마양시에 합격하였다. 진주 임천서원(臨川書院)과 창녕 물계서원(勿溪書院)에 제향 되었고, 저서로는 『부사집(浮查集)』이 있다.

람이도다! 이번 유람에는 두 아들 어문御文, 여간汝幹이 함께하였고, 강사순姜士順 군이 뒤따랐고, 정희숙鄭熙叔 공이 병을 떨치고 같이 갔으며, 나도 행렬에 참가하였는데, 악양岳陽. 하동군 악양면에 이르러서는 이근지李謹之도 함께 하였다. 팔선八仙[10]이 소매를 나란히 한 듯이, 때로는 천천히 때로는 빠르게, 오르락내리락 구경하면서, 앞서거니 뒤서거니 하여 무릇 눈에 아름답고 뜻에 맞으며 마음에 느껍고 가슴 속에 서글퍼할 수 있는 것들은 모조리 얻어서 수습하였다. 때로는 시를 읊거나 휘파람을 불고, 큰소리로 노래하고 일어나 춤을 추며 마음이 가는 데로 하였다.

신령하고 기이한 구역은 신선이 사는 곳이라 발을 조금씩 내디딜 때마다 머리털이 곤두섰으며, 그 이름을 알 수가 없는 곱고 아름다운 꽃과 나무는 보는 것마다 견문은 넓어지지 않음이 없었다. 우주는 높고 깊으며 바람과 구름은 변화하니 또한 정신을 펼치고 가슴속을 씻어내기에 충분하여 거의 음식을 익혀 먹는 인간의 기상은 아닌 듯했다. 내가 여기서 더욱 느끼는 바가 있었고 부귀공명과 이해득실은 참으로 사람에게 병통이 된다는 것을 알았다. 계곡과 바위를 탐방할 때 좋은 술과 맛난 음식을 내놓는 이는 산중의 옛 벗이었고, 범에 올라타고 용을 부리듯이 죽장을 짚고 와서 구름을 헤치는 자는 산중의 시승詩僧이었다.

여러 곳을 두루 관람하고 내려와 넓은 호수에 밤배를 띄우니 맑고 깨끗한 기운이 지극하였고, 대 위에서 피리 불고 노래하니 기쁜 정이 그지없어, 기상은 더욱 호방해지고 생각은 더욱 기발해져 시문으로 드러낸 시주머니의 시편들이 마침내 권축卷軸을 이루니, 아! 얻은 것이 또한 이미 많도다. 그런데 산천의 웅장하고 아름다움은 하늘과 땅이 지키고, 옛사람들의 기이한 자취는 귀신

---

10) 팔선(八仙): 중국 한(漢)나라의 여덟 명의 선인(仙人)으로 종리(鐘離), 장과로(張果老), 한상자(韓湘子), 이철괴(李鐵拐), 조국구(曹國舅), 여동빈(呂洞賓), 남채화(藍采和), 하선고(何仙姑)이다. 여기서는 일곱 명이지만 팔선처럼 유람하였다는 뜻이다.

과 신령이 보호한다. 사계절마다 다른 풍경과 만물이 기묘함을 드러내는 것은 옛날과 지금이 모두 같아서 선현先賢들의 기록에 자세히 표현되어 있으니 내가 굳이 군말을 덧붙이랴.

아아! 남쪽 밭에 농사지으면 굶주림을 면할 수 있고, 누에 쳐서 옷 만들면 추위를 막을 수 있다. 그러나 유연油然하게 즐기고 쾌연快然하게 기뻐하는 것이 인생 백 년에서 몇 번이나 있겠는가? 이번의 유람은 남들과 경쟁하지 않았고 일을 다투지도 않고 탑연嗒然[11]히 나를 잊어서 즐거움이 저절로 지극해지고 원하던 바가 다 이루어졌으니 무엇을 더 바라겠는가. 비록 그러나 사람들은 한갓 우리들 유람의 즐거움만 보고, 일찍이 소선이 일흔을 넘기고도 날듯이 산에 올라서 그야말로 거침없고 세상을 벗어난 기상이 있음을 알지 못하리라. 이 어찌 조물주가 아낌없이 그로 하여금 봉황을 타고 세상 밖을 소요하게 한 것이 아니겠는가? 아! 소선은 참으로 젊은 신선이로다.

아! 적벽강산赤壁江山이 소동파의 적벽부赤壁賦로 향기롭게 읊어진 것이 지난 날의 일이지만, 이번 유람이 사람들에게 향기롭게 회자되는 것은 반드시 소선 때문이리라. 때는 병진년1616. 광해군 8 12월이다.

원문原文

吾嘗謂人有可病而不以爲病. 人有可樂而不以爲樂. 何哉. 功名富貴得喪利害. 嬰心苦思. 乾沒平生. 非吾所謂可病乎. 佳山美水明月淸風. 恣意探討.

---

11) 탑연(嗒然): 물아(物我)를 모두 잊은 무심(無心)의 상태를 말한다. 남곽자기(南郭子綦)가 궤안에 기댄 채 앉아 하늘을 우러러 한숨을 내쉬며 멍하게[嗒然] 있는데, 제자 안성자유(顏成子游)가 그 앞에 시립(侍立)해 있다가 "그렇게 몸을 고목처럼 만들고 마음을 식은 재처럼 만들 수 있습니까?" 하고 물었다. 이에 남곽자기가 "지금 나는 나를 잃었는데, 너는 알겠는가?"라고 하였다(『장자(莊子)』「제물론(齊物論)」).

遨遊物表. 非吾所謂可樂乎. 病其病而樂其樂. 人孰得以能之哉.

一日浮查少仙示余以淸遊之意. 乃辦行焉. 少仙眞樂其樂者乎. 是行也. 二胤子御文汝幹偕. 姜君士順其從. 鄭公熙叔擺病. 余忝在其列. 洎岳陽李謹之亦與焉. 八仙聯袂. 或徐或疾. 登臨瞻眺. 忘後忘先. 凡可以宜於目愜於意感於心愴於懷者. 盡得以收拾. 時或有吟哦焉長嘯焉狂歌焉起舞焉者. 隨意而爲之.

靈區異境仙侶所在. 足才躡而毛髮爽竪. 琪花瓊樹莫辨其名. 無不掇而見聞瓊博. 宇宙高深. 風雲變化. 亦足以暢叙精神. 疏蕩胸襟. 殆非食烟火氣像. 余於是益有所感. 而知功名富貴得喪利害. 誠足以爲人病也. 至如尋溪訪巖. 登綠醑而薦芳膳者. 山中之知舊也. 跨虎驀龍. 尊竹杖而披雲霧者. 山中之韻釋也.

及乎周覽而下也. 平湖夜泛. 極其淸絶. 臺上笙歌. 盡其歡情. 氣益豪而思益奇. 發之爲詩文. 奚囊之什. 終成卷軸. 吁所得亦已夥矣. 若夫山川之壯麗. 地鑰而天扃之. 古人之奇迹. 鬼呵而神護之. 以至四時之殊態. 萬象之呈露. 今猶古也. 古猶今也. 先賢之錄蓋詳矣. 吾又何贅焉.

嗚呼. 南畝之入. 可以無飢. 箔上之收. 可以無寒. 而得油然而樂. 快然而喜者. 百歲之中. 有幾度哉. 今玆之遊. 不與物競. 不與事爭. 嗒然忘我. 吾樂自至. 諧所願也. 復焉求哉. 雖然人徒見吾輩之遊之樂. 而曾不知少仙年齡過稀. 登陟如飛. 正自有凌厲飄逸之狀. 是豈非造物者不靳使之. 如鞭笞鸞鳳而得逍遙於世外也耶. 吁 少仙眞少仙哉.

噫 赤壁江山. 托蘇仙以香牙頰者前日事. 而玆遊之以香人牙頰者必少仙也歟. 時維柔兆執徐之歲大淵獻之月也.

출전: 朴敏, 『凌虛集』 「頭流山仙遊記」

4

삼동산수기

三洞山水記

이동항 李東沆

이동항(李東沆, 1736~1804): 자는 성재(聖哉), 호는 지암(遲庵), 본관은 광주(廣州)이다. 최흥원(崔興遠), 이상정(李象靖)의 문하에서 수학하였으며, 목윤중(睦允中), 우경모(禹景謨), 채제공(蔡濟恭) 등과 교유하였다. 시문에 뛰어났으며, 역사 · 전고에 해박하였고, 글씨에도 능하였다. 저서로 『방장유록(方丈遊錄)』, 『해산록(海山錄)』 등이 있다.

해제解題

「삼동산수기三洞山水記」는 이동항李東沆. 1736~1804이 안음의 삼동을 유람하고 기록한 것이다. 태백산으로부터 덕유산, 장안산, 백운산 등의 산세를 설명하고 삼동 주변의 지리와 경물을 보고 느낀 감흥을 시로 읊거나 역학의 원리로 해석하기도 하였다. 필자는 고을 태수의 안내를 받으며 여행하면서 바위에 새겨진 용추담龍湫潭이 매우 해정한 것이 아마도 정주의 학문을 깊이 공부한 사람이 새긴 것이며 또한 글씨가 용과 뱀이 꿈틀거리는 것 같아 주역의 건괘를 암송하고 지금이 추분이니 춘분에는 날아오를 것임을 예견하였다. 주자 무이구곡시의 운으로 시를 짓기도 하며 연비어약鳶飛魚躍의 기상이 있는 한 계곡에 당도하여서는 약연躍淵이라고 자신이 명명하기도 하며, 천지의 음양진퇴소장의 이치를 설명하는 등의 내용이 기록되어 있다.

국역國譯

삼동三洞의 경계가 나뉘는 것은 덕유산德裕山에서 시작되는데, 덕유산이 서쪽으로 80리를 달려가 영각사靈覺寺 동쪽 봉우리가 되고, 또 서쪽으로 40리를 달려 극락암極樂庵 뒤쪽 산꼭대기가 되며, 또 서남쪽으로 30리를 가서 곧바로 서쪽 두류산頭流山으로 간다. 백두대간이 가로로 달리다가 한 맥이 남쪽에서 황석산黃石山이 되고 영각사 동쪽 봉우리 가운데에서 나뉜 한 갈래가 남쪽으로 가서 남령藍嶺12)이 되었다가 금원산金猿山을 일으킨다. 풍수지리로 말하면, 영각사 동쪽 봉우리가 후룡後龍, 금원산이 중혈中穴, 황석산은 우필右弼이 되는데,

---

12) 남령(藍嶺): 경상남도 거창군 북상면과 함양군 서상면의 경계지점에 자리한 고개이다.

이 세 봉우리와 남령이 덕유산을 빙 둘러싸고 온 것이 좌보左輔가 된다.[13] 금원 산의 동남쪽 구역을 원학동猿鶴洞이라 통칭하고, 서남쪽 구역을 심진동尋眞洞이 라 하며, 화림동花林洞이 바로 뒤쪽 구역이다.

산의 흐름과 갈래를 말하자면, 황석산은 서쪽으로 천령天嶺.경남 함양에 기대어 남쪽으로 감음현感陰縣.경남 거창에 이르러 그치고, 금원산만 오직 고현古縣에 머 물며 홀로 앉아있다. 심진동의 왼쪽 기슭은 오르락내리락 구불거리면서 서쪽 으로 100여 리에 이르러 남쪽으로 산음山陰.경남 산청으로 꺾여 척지리尺旨里가 되 는데, 간룡幹龍[14]이 아니다. 삼가三嘉.경남 합천에서는 황매산黃梅山과 감악산紺嶽山 이 되고, 진주晉州에서는 집현산集賢山이 되며 의령宜寧에서는 도굴산闍崛山이 되 어 큰 강낙동강에 닿아 그친다.

물의 근원과 흐름을 말하자면, 원학동의 물은 남령에서 시작하여 갈천葛川 에 이르러 덕유산의 혼천渾川과 합해지고 고현에서 구부러져 사락정四樂亭[15]을 거치는데, 남쪽으로 거창居昌까지 흘러 영계瀯溪가 되고, 합천陜川에서는 함벽진 涵碧津이 되며, 초계草溪에서는 행보行步 나루가 되어 큰 강으로 들어간다. 화림 동의 물은 영각사에서 시작하여 성묘聖廟[16] 앞에 이르러 심진동의 물과 합해져 서 광풍루光風樓[17]를 거쳐 서쪽으로 함양咸陽까지 흘러 남계灆溪가 되고, 사근역

---

13) 황석산은 …… 된다: 좌보(左輔), 우필(右弼), 전의(前疑), 후승(後丞)은 본래 고대에 왕을 가까이 모시고 간언 을 드리는 근신의 직함이었다. 풍수지리에서는 혈(穴)의 좌우에 특별히 솟아 혈을 보호하는 역할을 하는 산을 말한다.

14) 간룡(幹龍): 풍수지리에서 종산(宗山)에서 내려온 산줄기, 즉 사람의 척추와 같이 큰 산에서 혈을 향해 뻗어 내린 산줄기의 중심 용맥을 말한다.

15) 사락정(四樂亭): 경상남도 거창군 마리면 영승리에 있는 정자로 퇴계 이황(李滉, 1501~1570)의 장인 권질(權礩, 1483~1545)이 예안의 유배지에서 풀려나와 자주 들렀던 곳이다. 권질은 사위 이황에게 편지를 부쳐 이 정자의 이름을 지어 달라고 부탁하였는데, 이황은 시골에서 누릴 수 있는 네 가지 즐거움(농사, 누에치기, 나무하기, 고 기잡이)이라는 의미로 사락정이라 이름 붙이고, 시를 지어 장인에게 보냈다.

16) 성묘(聖廟): 경상남도 함양군 안의면 교북리에 있는 안의향교(安義鄕校)를 말한다. 1473년(성종 4) 현감 최영 (崔英)이 창건하였고 정유재란 때 불에 탔다. 1729년(영조 5) 안의현이 없어짐에 따라 폐지되었다가 1731년 현 이 복원되어 다시 개교되었다. 1736년(영조 12) 중건하였다.

17) 광풍루(光風樓): 경상남도 함양군 안의면 금천리에 있는 조선시대의 누각으로 1412년(태종 12) 이안현감(利安 縣監) 전우(全遇)가 지었으며 그 당시에는 선화루(宣化樓)라 하였다고 한다. 그 뒤 1425년(세종 7)에 김홍의(金

沙斤驛[18])에서 엄천嚴川 여울과 서로 합하며, 남쪽으로 산음山陰까지 흘러 경호강鏡湖江이 되고, 아천鵝川, 함천군 대양면 · 단성丹城[19])에서 적벽강赤壁江이 되며, 동쪽으로 진주晉州까지 흘러 남강南江이, 의령에서 정진鼎津이 되어서 큰 강에 들어간다. 이것이 대략이다.

개괄해서 논해보면, 원학동은 황석산 아래로는 명승이 허다하고, 장엄하고 절묘한 경관이 없지는 않으나 조담槽潭 밖으로는 속세의 번잡하고 더러움으로 속진을 깨는 풍격이 전혀 없다. 황석산 위로는 비록 괴상하고 특이한 명승은 적어도 제일동第一洞 수십 리는 뭇 봉이 자태를 뽐내고 수많은 계곡이 다투어 흐르며 풀과 나무가 울창해서 아득히 물외物外의 의상意像이 있으니 사물을 잘 관찰하는 이라면 반드시 먼저 어디에 치중할 것인지 정해야만 할 것이다. 그리고 저 수세가 맑고 도타우며 동부가 밝고 편안하며, 땅이 비옥하고 물산이 풍부해서 숲에 살고 물가에 촌락을 이루어 정원을 다듬고 자손을 기르는 데라면 황석산 아래가 알맞지 황석산 위는 알맞지 않다. 이런 까닭에 천석에 우아한 뜻을 두고 방외에 기이한 여행을 하는 자는 위에서 취하는 것이 있고, 언덕과 정원을 아끼며 맑고 훤한 것을 즐기는 자는 아래에서 취함이 있으니, 이는 자못 조물주가 이곳을 만들면서 공업功業을 온전히 하지 않은 아쉬움이 있다.

화림동은 60리 안으로 전혀 심산유곡이나 늘어선 산굴, 둘러친 봉우리가 없어서 산 기운은 촌스럽고 물빛은 혼탁하다. 단지 이곳 천석의 아름다움은 극락암 아래로는 산과 벼랑이 휘돌고 내가 넓으며 물이 잔잔해서, 특이하고 아

洪毅)가 현 위치로 옮겨 세웠으며, 1494년(성종 25)에 현감이었던 정여창(鄭汝昌)이 중수하여 이름도 광풍루로 고쳐 불렀다. 정유재란 때에 불타버린 것을 1602년(선조 35) 현감 심종진(沈宗鎭)이 복원하고, 3년 뒤인 1605년에 현감 장세남(張世男)이 중건하여 오늘에 이르고 있다.

18) 사근역(沙斤驛): 경상남도 함양군 동쪽에 위치하며, 조선시대에는 산청(山淸)의 정곡역(正谷驛)과 거창(居昌)의 무촌역(茂村驛)을 연결하는 교통의 중심지인 동시에 함양군(咸陽郡)의 제한역(蹄閑驛)과 안의현(安義縣)의 임수역(臨水驛)을 포함하여 14개 역을 관할한 서부 경남에서 가장 큰 역이었다.

19) 단성(丹城): 경상남도 산청군에 있는 옛 지명으로, 본래 단계(丹溪) · 강성(江城)의 2현(縣)이 합하여 이루어진 이름이다.

름다우며 기특한 경관이 자못 가까운 거리에 있으니 이것이 삼동에 나란히 이름을 올려 세상에서 칭찬받는 까닭이다. 그러나 격국이 마땅함을 잃고 운치가 어울리지 않는 곳이 또한 많으니, 개울과 계곡의 배치는 조잡하다. 그러므로 그윽함을 거슬린 것이 있고, 석면의 위치가 어지럽게 섞여 있기 때문에 거칠고 사나운 흠이 있어 제대로 갖추고 아름다움을 다한 뜻이 없으니 원학동보다 못한 것도 당연하다.

심진동은 내가 직접 다니며 보지 못해서 감히 단정하지 못할 곳이지만, 들은 바로는 골짜기가 넓고 깊숙한 곳이라고 한다. 비록 농사지을 만한 곳은 없어도 깊은 샘과 괴상한 돌, 우거진 숲과 큰 골짝, 절과 암자가 가려 뽑은 듯 볼 만하다니 마땅히 원학동의 다음, 화림동의 위가 될 것이다.

이상 논한 바에 서로 우열의 구분과 승패의 판별이 있는 것은, 요컨대 깃털을 불어가며 부족한 곳을 찾고 물로 흠집을 씻어가면서까지 완전함을 구하느라 지나치게 까다롭고 잘게 굴었기 때문이다. 그러나 산수의 뛰어남과 신선의 경계를 해치지 않으니 지리지에 실리기에 합당하다. 그 등급은 마땅히 가야산伽倻山 · 수도산修道山을 아우처럼 여기고, 화양산華陽山 · 희양산曦陽山과 어깨를 나란히 하면서 사군四郡[20]을 형으로 모시고 금강산 · 두류산을 받들어 모시는 자리이니, 맑고 영험한 기운이 선현을 기르고 많은 선비를 낸 것으로는 오로지 이 몇 개의 동부가 있을 뿐이다.

이에 일행이 술을 따라 서로 경하하며 "우리들의 여행이 참으로 기이하구려. 산에 들어온 지 7, 8일에 풍광을 모조리 포식하여 마치 홍몽을 뛰어넘고 천지의 기운을 부리는 듯해서 산빛은 소매 가득, 노을은 옷깃 가득하니 이미 속세의 예전 내 모습이 아니라오. 그러나 정신과 체력이 다 피곤하니 심진동 한 곳만은 명승을 버려둔 탄식이 있소이다. 옛말에 '다하지 못할 경관을 남겨

---

20) 사군(四郡): 무주, 장수, 거창, 함양을 말한다.

두어 후일을 기다린다'고 했고, 지금 체력이 아직 튼튼하고 나이가 또한 젊으니 차라리 뒷날의 기약으로 남겨 두는 것이 옳지 않겠소?"라고 하여 마침내 다시 사락정으로 길을 되짚어 고교高橋를 거쳐 궁현弓峴을 넘어서 돌아왔다. 여행을 나간 지는 대략 보름 남짓이었고, 시 12편을 얻었다.

원문原文

三洞界分. 始於德裕. 西步八十里. 爲靈覺東峯. 又西步四十里. 爲極樂後頂. 又西南步三十里. 直西送頭流. 大幹橫馳. 一脈南爲黃石山. 自靈覺東峯. 中分一支. 南流爲藍嶺. 起金猿山以堪輿術言之. 靈覺東峯爲後龍. 金猿爲中穴. 黃石爲右弼. 三峯一支. 回包德裕而來者. 爲左輔. 金猿東南局. 通稱猿鶴洞. 西南局. 稱尋眞洞. 而花林洞乃後局也.

山之委派. 則黃石山西據天嶺. 南至感陰縣而止. 金猿山只止古縣而獨坐. 尋眞左麓. 起伏迤紆. 西至百餘里. 南折山陰爲尺旨. 非幹龍. 三嘉爲黃梅紺嶽. 晉州爲集賢. 宜寧爲闍崛. 薄大江而止.

水之源流. 則猿鶴洞水發於藍嶺. 至葛川合德裕渾川. 迤古縣歷四樂亭. 南流居昌爲營溪. 陜川爲涵碧津. 草溪爲行步渡. 入大江. 花林洞水發於靈覺. 至聖廟前合尋眞洞水. 歷光風樓西流咸陽爲藍溪. 沙斤驛相合嚴川瀨. 南流山陰爲鏡湖. 鵝川丹城爲赤壁江. 東流晉州爲南江. 宜寧爲鼎津. 入大江. 此大略也.

槩而論之. 猿鶴洞則黃山以下. 許多名勝. 非無偉壯絶特之觀. 而槽潭以外. 俗界煩溷. 全無破碎塵土之風格. 黃山以上. 則雖嶄怪詭殊異之名勝. 而第一洞數十里. 千峯競秀. 萬壑爭流. 草樹葱蒨. 悠然有物外意像. 善觀者必

定輕重之錙銖. 而若其水勢清厚. 洞府明爽. 壤地沃饒物産豊腴. 林居水村. 可以治園亭. 可以長子孫. 則宜於黃山以下. 不宜於黃山以上. 是故雅意水石. 奇遊方外者. 有取於上. 愛此丘園. 樂其清曠者. 有取於下. 此殆造化翁爐韝手段. 有惜於枉費全功也.

花林洞則六十里以來. 絶無深山巨壑. 列峀環巒. 山氣鄙野. 水色渾濁. 第是泉石之勝. 極樂以下. 山回而厓轉. 川廣而水平. 瓌偉之境. 奇壯之觀. 殆以步武. 此所以并列三洞. 有稱於世. 然亦多格面失宜. 韻致不諧. 澗壑之粧點粗淺. 故有違於幽浚者有之. 石面之位置交亂. 故有欠於麤暴者有之. 無完備盡美之意. 則見屈於鶴洞宜矣.

尋眞洞則余未足躍目謀. 不敢斷的局外. 而第因聽聞. 曠谷邃區. 雖無棲可耕. 而幽泉怪石. 豊林大壑. 佛宇禪庵. 供選勝之晀矚. 則宜爲鶴洞之次. 花林之上矣.

以上所論. 互有優劣之辨. 勝負之判. 要是責備之吹毛. 求全之洗瘢. 而太涉苛細之爲. 然不害於山水之雄勝. 神仙之境界. 則合載山經水志. 而其品列等第. 當弟畜伽倻修道. 偫肩華陽曦陽. 兄事四郡. 臣服楓嶽頭流. 至淑氣靈秀. 鍾毓先賢. 林藪士人. 則獨有二三洞耳.

於是一行酌酒相慶曰. 吾輩之遊信奇矣哉. 入山七八日. 飽盡風烟. 如超鴻濛. 御灝氣. 而滿袖山光. 盈襟霞氣. 已非塵土舊我矣. 但神力盡疲. 尋眞一局. 獨有遺勝之歎. 古語曰. 遺有餘不盡之景以待後日. 今力尙健. 年且壯. 母寧寧後期可乎. 遂復路四樂亭. 歷高橋踰亐峴乃還. 出遊凡一望有餘. 而得詩十二篇.

출전: 李東沆, 『三洞山水記』「遲菴集」

5

유안음산수기

遊安陰山水記

송병선宋秉璿

송병선(宋秉璿, 1836~1905): 자는 화옥(華玉), 호는 연재(淵齋), 본관은 은진(恩津)이다. 학행으로 천거 받아 좨주 (祭酒)에 기용된 뒤 대사헌을 지냈다. 을사조약이 체결되자 일본을 경계할 것을 상소하려다가 실패하고 고향에 가서 자결하였다. 의정(議政)에 추증되었으며 시호는 문충(文忠)이다. 1962년 대한민국 건국 공로 훈장 복장(複章)이 추서되었고 저서로 『연재집(淵齋集)』과 『근사속록(近思續錄)』, 『패동연원록(浿東淵源錄)』, 『무계만집(武溪謾集)』, 『동감강목(東鑑綱目)』 등 53권이 있다.

해제解題

「유안음산수기遊安陰山水記」는 연재淵齋 송병선宋秉璿, 1836~1905이 기해년1899 봄
에 안음현의 여러 누정을 여행하고 기록한 것이다. 원근의 사우들과 산정山亭에
서 한천유편寒泉遺編을 강학하고 금령고개를 넘어 장수로 들어가 용연정과 벽
담 등을 유람하고 함양에서부터 여행한 순서대로 누대와 정자의 주변경관과
선유들의 유적을 기록하였다. 농월정弄月亭은 정여창이 창건하였고 동춘당東春堂
송준길宋浚吉, 1606~1672의 기문이 걸려 있으며 지금은 박 씨의 소유가 되었고, 월
성은 병자년의 난 이후에 동춘당의 우거지인데 초당에는 숭정어필인 비례물동
非禮勿動이라는 네 글자가 걸려 있으며 전나무는 그 당시에 선생이 직접 심었고
선생께서 봉인한 서적이 아직도 그대로 있으며 송정松亭의 경관이 가장 아름다
우며 방초정芳草亭에서 강회를 한다고 하니 이번 여행에서는 두 가지를 다 얻었
다고 기록하고 있다.

국역國譯

안음安陰, 경남 함양군 안의면은 산수가 빼어난 고을이다. 삼동三洞의 명승은 영표嶺
表, 영남의 으뜸인데, 오른쪽은 화림동花林洞이고 왼쪽은 원학동猿鶴洞이며 가운데
가 심진동尋眞洞이다. 내가 여러 해 전에 원학동의 수승대搜勝臺는 자세히 보았
지만 나머지는 보지 못한 아쉬움에 애태운 지 오래였다.

기해년1899, 광무 3 늦봄에 원근의 선비들과 무계산정武溪山亭에 모여 주자朱子가
한천정사寒泉精舍에서 엮었던 글들을 강학하자니 무이武夷가 떠올랐다. 예닐곱
동지들과 여장을 꾸려 나란히 떠나니 시들었던 흥취가 저절로 넘치게 일어났

다. 금령琴嶺을 넘어 장수長水, 전북 장수군 경계를 지나 정 씨鄭氏의 용연정龍淵亭21)에 오르니, 푸른 못과 늙은 솔은 그윽한 흥취를 자아내지 아니한 것이 없었는데 육십령六十嶺22)을 넘으니 안음 땅이었다.

이구평尼丘坪을 거쳐 송계松溪에 다다라 전경현全景賢 희대希大의 서실에서 묵었다가, 함양咸陽 백전柏田을 향해 출발해서 정공직鄭公直 순만淳萬에게 병문안하고 송계로 돌아왔다. 냇물 따라 내려가자니 흰 바위가 이리저리 어지러운 사이로 물이 흐르면서 지세를 따라 괴였다가 쏟아지는 것이 굽이굽이 풍취가 있었고, 용유동龍游洞 맑은 못과 화암畫巖의 기이한 절벽이 갈수록 더욱 볼 만하였다. 물고기회에 술잔을 돌리고 한참을 잘 노닐었다.

봉평鳳坪에서 전명가全明可 도식道植을 방문하고 나와서 군자정君子亭23) 터에 올랐다. 군자정은 일두一蠹 정 선생24)이 일찍이 노닐던 바위에다 전 씨全氏가 지은 것이고, 앞에 큰 바위가 비스듬히 돛대처럼 서 있다. 물길을 거슬러 수십 보 올라가 거연정居然亭25)에 다다르니, 암석이 높고 낮은 것이 마치 산등성마루 같았는데, 정자가 우뚝 솟은 곳에 지어져 있었다. 바위 사이로 이룬 웅덩이 모양이 긴 구유를 닮아 정자를 감싸고 흘러 배를 띄울 만큼 깊었다. 웅덩이 남쪽에

---

21) 용연정(龍淵亭): 용연정은 양악리에 살던 정존성(鄭存聖)이라는 이가 소요하던 곳에 그의 손자 정기수(鄭基洙)가 세운 정자로, 정면 3칸·측면 2칸 규모의 팔작지붕 건물이다.

22) 육십령(六十嶺): 경상남도 함양군 서상면과 전라북도 장수군 장계면을 잇는 고개로 육십현(六十峴)·육복치(六卜峙)라고도 한다. 고개가 가파르고 도적떼가 출몰하여 이 고개를 넘으려면 60명이 모여야 한다고 해서 육십령이라 했다.

23) 군자정(君子亭): 조선 5현이라는 정여창의 처가인 함양군 서하면 봉전리에 있는 정자이다. 전세걸(全世杰) 등이 1802년에 선생을 기리면서 정자를 세운 것이다. 해동군자가 쉬던 곳이라 해서 '군자정'이라고 하고 후학을 양성했던 곳이다.

24) 정 선생: 정여창(鄭汝昌, 1450~1504)을 말한다. 자는 백욱(伯勖), 호는 일두(蠹), 본관은 하동(河東)이다. 김종직(金宗直)의 문하에서 수학했으며 무오사화에 연루되어 배소에서 사망한다. 그 뒤 갑자사화로 부관 참시되었으나, 복권되어 동국도학(東國道學)의 종(宗)으로 숭상됨에 이르러 문묘에 종사되었다. 시호는 문헌(文獻)이다.

25) 거연정(居然亭): 화림재(花林齋) 전시서(全時敍)가 모옥(茅屋)으로 지어 강학한 곳이었다. 그는 1640년경 전오륜 선생의 학덕을 기리기 위해 창건된 서산서원(西山書院) 곁에 모옥을 짓고, 주자가 지은 무이정사(武夷精舍)의 시 중 '편안한 나의 천석이로다[居然我泉石]'라고 한데서 정자 이름을 취하였다.

'방수천訪隨川'이라 새겼고, 그 아래에 또 '영귀대詠歸臺[26]'가 있었다. 이리저리 거닐면서 노래하자니, 황홀하여 삼청三淸[27]의 경계에 있는 듯하였다.

해 질 녘에 나곡螺谷으로 향하면서 벼랑 모서리에 걸린 폭포를 보며 내를 건너 북쪽으로 1, 2리 더 들어가니 큰 너럭바위 하나가 넓게 펼쳐져 물살에 살짝 덮여 있고, 아래에는 네모난 못을 이루었으며 산골짜기가 그윽하여 과연 은사가 지낼 만한 곳이었다. 근처에 사는 생원 송 씨가 길가에서 전별하였는데, 선 채로 마시고 10리쯤 가서 박 씨네 농월정弄月亭[28]에 올랐다. 너른 바위가 울퉁불퉁하고 물도 자못 맑고 드넓은데 바위 면에 '화림동花林洞'이라 새겨 있어, 그 뜻을 매우 즐길 만하여 둘러앉아 술잔을 물에 띄워 마셨다.

다음 날 정오에 안음에 들어갔다가 걸어서 광풍루光風樓[29]에 올랐다. 광풍루는 냇가에 있어 가슴이 탁 트였는데, 옛날 일두가 안음 현감으로 있을 때 창건하였고, 문미에는 문정공文正公[30]이 쓴 기문이 걸려있었으며, 곁에는 제월당霽月堂이 있었다.

서북쪽으로 가서 길을 돌아 심진동에 들어가니 길가에 심원정尋源亭[31]이 있

26) 영귀대(詠歸臺): 거연정에서 300여 미터 떨어진 군자정 근처의 너럭바위이다. 정여창이 유유히 거닐며 시를 읊었을 영귀대의 '영귀'라는 말은 『논어(論語)』 「선진(先進)」 증점(曾點)이 "늦은 봄에 얇은 봄옷이 마련되면 예닐곱 명의 아이들과 함께 기수에 목욕하고 무우에 바람 쐬고 읊으며 돌아오겠습니다[暮春者 春服旣成 冠童六七人 浴乎沂 風乎舞雩 詠而歸]"라고 공자에게 포부를 밝힌 데에서 비롯됐다.

27) 삼청(三淸): 도가에서 말하는 신선이 사는 곳이라고 하는 옥청(玉淸), 상청(上淸), 태청(太淸)의 삼부(三府)를 말한다.

28) 농월정(弄月亭): 화림동의 백미라 할 수 있는 곳에 있던 정자로, 조선 선조 때 예조참판과 관찰사를 지낸 지족당(知足堂) 박명부(朴明榑)가 낙향해 1637년 처음 초가로 세웠으며, 몇 차례 중건을 거쳐 1899년 완성했다. 2003년 10월 5일 방화로 추정되는 화재로 인해 전소되었다.

29) 광풍루(光風樓): 조선 태종 12년(1412)에 당시 이안(현재의 안의면) 현감인 전우(全遇)가 창건하여 선화루(宣化樓)라 하였다. 그 후 조선 세종 7년(1425) 김홍의(金洪毅)가 현재의 위치로 이건하였고, 조선 성종 25년(1494)에 안의 현감 정여창이 중건하고 광풍루로 개칭하였다.

30) 문정공(文正公): 송준길(宋浚吉, 1606~1672)의 시호이다. 자는 명보(明甫), 호는 동춘당(同春堂), 본관은 은진(恩津)이다. 이이·김장생의 문인이다. 1659년 병조판서가 된 뒤 영의정에 추증되었다. 문묘를 비롯하여 공주 충현서원(忠顯書院) 등에 배향되었으며, 저서로는 문집 『동춘당집(同春堂集)』과 『어록해(語錄解)』가 있다.

31) 심원정(尋源亭): 경남 함양군 안의면 하원리에 있는 정자로 거제부사로 재직한 돈암(遯庵) 정지영(鄭芝榮)이 벼슬살이를 그만두고 자연으로 돌아와 후진 양성하였던 바, 제자들이 스승을 찬양하기 위해 1558년에 창건했다. 원래 현 위치보다 조금 상류인 덕추폭포 부근에 초가로 건립하였으나 임진왜란 때 소실되었고, 1770년에

었는데 그윽하여 즐길 만하였다. 시내를 따라 3, 4리를 가는 동안 흰 돌과 푸른 벼랑이 이따금씩 기이함을 드러냈는데, 바위 꼭대기에 있는 구불구불한 노송이 기괴하여 사람들이 '반송정盤松亭'이라 하였다. 또 4, 5리 앞에 장수사長水寺가 있고, 꺾어 서쪽으로 백여 보 올라가니 부담釜潭에 다다랐다. 큰 바위가 쫙 펼쳐지다가 가운데가 끊어져 벼랑이 되었고, 냇물이 미끄러져 세차게 흘러 한 줄기 긴 폭포를 이루어 떨어져 깊은 못을 이루었는데, 벼랑에 '분옥뢰噴玉瀬'라고 새겨져 있었다. 곁에 암자 한 채가 골짝을 굽어보는데, 고요하고 아득하여 평범한 자리가 아니었다.

물 건너 고개를 바라보며 월성月城에 다다르니, 이곳은 동춘同春 선생이 살던 곳으로 초당이 우뚝하였다. 벽에 숭정황제崇禎皇帝의 어필인 '비례부동非禮不動'[32] 4자가 걸려 있고 아래에 대나무 창이 있었다. 전하는 말로는 선생이 손수 만들어 밀봉하고 여닫지 않았다고 한다. 선비끼리 모여 향음주례鄕飮酒禮[33]를 여니 위의가 정연하여 엄연히 선생이 앉아 계신 듯하였다. 선생은 병자호란 뒤에 세상을 피해 내려와 우거하였으며 냇가에 늙은 전나무도 선생이 손수 심은 것이라고 한다. 향음주례를 마치고 사선대四仙臺[34]에 가서 보니, 푸른 바위가 층층이 대를 이루어 냇물을 내려다보며 깎은 듯이 솟아있었는데, 꼭대기에 고송古松을 이고 있어서 또한 송대松臺라고 하니, 유연히 속세를 피한 선비의 풍모를

후손들이 중수하였으나 풍수해로 훼철되었다. 1845년 7세손 정복운이 현재 위치에 재건하였으며 1948년에 중수했다.

32) 비례부동(非禮不動): 『중용장구(中庸章句)』 제20장에서 "재계하고 깨끗이 하며 복장을 갖춰 입고서 예가 아니면 움직이지 않음이 몸을 닦는 것이다[齊明盛服 非禮不動 所以修身也]"라고 말한 것을 가리킨다.

33) 향음주례(鄕飮酒禮): 어진 이를 존경하고 어른을 봉양하는 미풍양속을 목적으로 베푸는 연회이다. 『주례(周禮)』「향대부(鄕大夫)」에 "향학에서 3년 동안 학업을 닦은 사람 중에 우수한 사람을 천거할 때 그를 송별하기 위해 향로(鄕老) 및 향대부(鄕大夫)가 전별연을 베풀었다" 하였는데, 이것이 향음주례의 시초이다. 뒤에 온 고을 사람이 모여 법도에 맞게 술을 마시며 경로의 풍속을 마련하는 자리가 되었다.

34) 사선대(四仙臺): 월성계곡에서 경관이 뛰어난 곳인데, 계곡 옆에 바위가 4층으로 포개어져 있고 대 위에서 신선 네 명이 바둑을 두었다는 전설이 있어 사선대라고 한다. 송준길이 월성동에 은거하였기 때문에 송대로도 불린다.

간직하고 있었다.

여기서 물길 따라 동쪽으로 나서 분설담噴雪潭에 이르렀다. 흰 바위가 너르게 펼쳐졌는데 맑은 물이 세차게 쏟아져 뿜어대어 폭포를 이루었다. 앞에 '분설담'과 '제일동第一洞'이 새겨져 있으니, 모두 동춘 어른이 썼다고 한다. 앞으로 10여 보 올라가자 기이한 바위가 병풍처럼 둘러선 것이 높이가 수십 길이 될 듯했는데, 그 빛깔이 감푸른 듯하여 보는 이의 탄성을 자아내 무어라 이를 길이 없었다. 나에게 이름을 지어달라고 청하기에 '운금대雲錦臺'라고 하였다.

시내를 버리고 모리某里35)로 방향을 바꾸니, 돌길이 가파르고 송림이 울창하였다. 3, 4리를 가니 화엽루花葉樓36)가 나왔다. 뒤에 비각 한 채를 세워 동계桐溪37)가 베던 돌을 보관하고 있었는데, 화엽시花葉詩 절구 한 수를 새긴 것은 바로 동계 어른이 직접 쓴 것이었다. 서성대며 추모하느라 차마 곧바로 돌아오지 못하였는데 교리校理 정연시鄭然時38)가 형제를 데리고 와서 술과 안주로써 대접하였다. 자화子華 임기홍林基洪 군이 뒤따라와서 모두 갈천서당葛川書堂39)에 들렀다가 저녁을 먹고 난 뒤에 황산黃山에 이르니, 신 씨愼氏 문중 사람들이 나와서 맞이하였다.

---

35) 모리(某里): 동계 정온(鄭蘊)이 만년을 보낸 마을이다. 모리(某里)라는 이름은 "사람들이 사는 거처를 물으면 모르는(某) 마을(里)로 갔다고 하라"고 정온이 일러줬다는 얘기에서 나왔다.

36) 화엽루(花葉樓): 덕유산 모리에 있는 모리재(某里齋)의 문루이다. 모리재는 인조가 중국 청 태종 앞에 나가 항복하는 치욕적인 화의가 성립되자 척화파인 정온이 낙향하여 죽을 때까지 은거했던 곳을 기념하여 유림들이 건립한 재사로 사당·모리재·서무·내삼문·협문 등과 유허비 1기로 이루어져 있다.

37) 동계(桐溪): 정온(鄭蘊, 1569~1641)의 호이다. 자는 휘원(輝遠), 본관은 초계(草溪)이다. 병자호란 때 인조를 호종하여 남한산성에 들어가 김상헌과 함께 척화를 주장하였다.

38) 정연시(鄭然時, 1855~1916): 동계 정온의 11세손이며 홍문관 교리를 지냈다.

39) 갈천서당(葛川書堂): 마학동(磨學洞)에 있는데 갈천(葛川) 임훈(林薰)과 도계(道溪) 임영(林英), 첨모당(瞻慕堂) 임운(林芸)이 학문과 수양에 힘쓰고 제자들을 양성한 곳이다. 임영이 요절하자 폐지되었다가 그 후 갈계동에 갈천서당이 건립되었다.

다음 날에는 척수대(滌愁臺)와 수승대(搜勝臺)[40], 그리고 관수루(觀水樓)[41]를 두루 보고, 요수정(樂水亭)[42]에서 강학하다가 어둑해질 때 마쳤다. 대체로 원학동에 대한 품평은 이미 앞선 것이 있으나 삼동(三洞)을 모두 따져 그 우열을 정하자면, 송대는 그윽하고 절묘하며, 수승대도 매우 아름다워 마땅히 으뜸이므로 화림동과 심진동은 원학동에 견주기 어렵다. 화림동의 맑은 샘과 흰 바위도 곳곳마다 정자를 지을 만하고, 심진동 일대는 그 아래에 있다.[43] 마치 손흥공(孫興公)[44]이 반육(潘陸)의 문장을 평한 것처럼 "찬란함이 비단을 펼친 듯, 정제된 금을 가려내는 듯하다"는 것이리라![45] 수승대 서남쪽의 금원산(金猿山)[46]에 삼폭동(三瀑洞)이 있다는데, 기이한 경관이 수승대와 어금버금하다고 하였으나, 길을 설명할 사람이 없어 찾아가지 못한 것이 한스럽다.

돌아올 때는 길을 돌아 아림(娥林, 경남 거창) 포충사(褒忠祠)로 향했는데, 일찍이 생원 이윤경(李允卿) 조영(祚永)과 약속을 하였었다. 예를 익히고 강학하니, 퇴폐한 풍

---

40) 척수대(滌愁臺)와 수승대(搜勝臺): 척수대는 백제 사신들이 신라에서 무사히 귀환한 것을 환영하는 잔치를 베푼 곳으로서 적국에서 당한 수모와 근심을 깨끗이 씻었다는 의미이다. 척수대 북쪽 500m에 있는 수승대는 수송대(愁送臺)가 어원이니, 이곳은 신라와 백제의 국경으로 두 나라 사신들이 오갈 때 '근심으로 보내는 곳'이라는 의미로 불였다가 1543년 퇴계 이황 선생이 그 뜻이 아름답지 못하다며 발음이 같은 '명승지를 찾는다'라는 뜻으로 고친다는 오언시「기제수수대(寄題搜勝臺)」에서 현재의 이름을 붙이게 됐다.

41) 관수루(觀水樓): 요수(樂水) 신권(愼權), 석곡(石谷) 성팽년(成彭年), 황고(黃皐) 신수이(愼守彝) 선생의 정신을 계승하기 위하여 사림이 세운 구연서원(龜淵書院)의 문루로 1740년(영조 16)에 건립하였다. 『맹자(孟子)』의 관수유술(觀水有術)에 "물을 보는데 방법이 있으니 반드시 그 물의 흐름을 보아야 한다"고 한 말을 인용하여 이름 지었다.

42) 요수정(樂水亭): 요수 신권 선생이 풍류를 즐기며 제자를 가르치던 곳으로 1542년 구연재와 척수대 사이에 처음 건립하였으나 임진왜란 때 소실되었고, 그 뒤 다시 수해를 입어 1805년 후손들이 수승대 건너편 솔숲에 부속건물 없이 홀로 세운 중층의 정자이다.

43) 그 아래에 있다[風斯在下]: 바람 아래에 있다는 말로 여기서는 심진동보다 화림동이 뛰어나다는 말이다. 『장자(莊子)』「소요유(逍遙遊)」에, "구만 리나 높이 올라가서 바람이 그 아래에 있게 된 다음에야 바람을 탈 수가 있게 된다[九萬里則 風斯在下矣 而後乃今培風]"라고 하였다.

44) 손흥공(孫興公): 흥공은 손작(孫綽, 314~371)의 자이다. 동진(東晉)의 문인으로 유명한 문장가이다.

45) 반육(潘陸)의 …… 것이리라: 반육은 진(晉)나라 때 문학가인 반악(潘岳)과 육기(陸機)의 병칭이다. 남조(南朝) 양(梁)나라 종영(鍾嶸)의 『시품(詩品)』권1에 "반악(潘岳)의 시는 비단을 펼쳐놓은 것처럼 찬란해서 좋지 않은 대목이 없고, 육기(陸機)의 글은 모래를 파헤치고 금을 가려내는 것과 같아서 왕왕 보배가 보인다[潘詩爛若舒錦 無處不佳 陸文如披沙簡金 往往見寶]"라는 말이 나온다.

46) 금원산(金猿山): 경상남도 거창군과 함양군 사이에 있는 산이다.

속을 물리치기에 충분할 것인데, 이가옥李佳玉 현기李琪와 정대경鄭大卿 석채奭采도 방초정芳草亭과 동어재東魯齋에서 강좌를 열고 대학과 소학을 강학하고 있어 사랑하고 공경하는 정성과 수신제가하는 도리를 토론하였다.

이번 행차는 산수에 흠뻑 젖고 경전의 요지도 주고받았으니 일거양득이라 할 만하다. 말세에 이러한 유람은 참으로 작은 행운이 아니다. 그러므로 애오라지 기록하노라.

원문原文

安陰. 山水鄉也. 三洞名勝. 擅於嶺表. 右爲花林. 左爲猿鶴. 中則尋眞也. 余於昔年. 領略猿鶴之搜勝. 而餘爲未償之債. 憧憧于心者久矣.

歲己亥暮春. 遠近士友. 會武溪山亭. 講寒泉遺編. 仍起武夷想. 與六七同志. 俶裝聯筇. 衰興自勃勃也. 踰琴嶺. 過長水界. 登鄭氏龍淵亭. 碧潭老松. 不無幽趣. 越六十嶺. 安陰地也.

歷尼丘坪. 抵松溪. 宿于全景賢希大書室. 發向咸陽之柏田. 問鄭公直淳萬病. 還松溪. 循川流而下. 白石離列錯置. 水行其間. 隨勢渟瀉. 曲曲有姿態. 龍游之澄潭. 畫巖之奇壁. 愈進而愈可玩. 膾魚巡酒. 徜徉良久.

訪全明可道植於鳳坪. 出而上君子亭址. 是一蠹鄭先生曾遊之巖. 而全氏之所構也. 前有巨巖. 偃立若帆檣. 溯流上數十步. 得居然亭. 巖石起伏. 如山之脊. 亭於阤起處. 巖間成匯. 形類長槽. 抱亭而流. 深可容舟. 匯南刻訪隨川. 其下又有詠歸臺. 徘徊詠歌. 怳然在三淸之界.

夕陽向螺谷. 觀崖角懸瀑. 渡溪而北. 入一二里. 有一大磐石. 亘布被流. 底成方塘. 澗谷幽奧. 可爲隱士之捿息也. 近居宋生設餕于路傍. 立飮而行

十許里. 登朴氏弄月亭. 廣石盤陀. 水甚清豁. 面刻花林洞. 意甚樂之. 環坐爲流觴之飮.

日午入邑. 走登光風樓. 樓臨川上. 襟懷爽豁. 昔一蠹宰安陰創建. 而楣揭文正公記文. 傍有霽月堂.

西北行轉入尋眞洞. 路傍有尋源亭. 幽邃可喜. 循溪行三數里. 白礫翠崖. 往往呈奇. 巖巓有老松. 蟠屈形怪. 人稱盤松亭. 又前四五里. 爲長水寺. 折而西上百餘步. 抵釜潭. 大石彌亘. 中爲斷崖. 溪流滑急. 作一長瀑. 墜成深潭. 崖刻噴玉瀨. 傍有一菴. 俯壑靜邃. 殆非凡境也.

越水望嶺. 抵月城. 此同春先生遺居之地. 而草堂歸然. 壁揭崇禎皇筆非禮不動四字. 下有竹牕. 傳言先生手構而封不開閉矣. 會士設鄕飮酒禮. 威儀秩秩. 儼若先生在座矣. 蓋先生丙子亂後. 遯世來寓. 而溪傍老檜. 亦先生手植云. 行禮畢. 往觀四仙臺. 蒼巖層疊作臺. 壓流削立. 頭戴古松. 又稱松臺. 悠然有幽人逸士之像.

自此隨流束出. 到噴雪潭. 白石平廣. 清流激瀉. 噴薄成瀑. 前刻噴雪潭及第一洞. 俱是春翁筆云. 前上十餘步. 奇巖作屛環立. 高可數十仞. 厥色淡若鬱墨. 見者叫奇. 以無所稱. 請余名之. 應之曰雲錦臺.

捨溪而轉向某里. 石逕崎嶇. 松林蒼鬱. 行三數里. 得花葉樓. 後建一閣. 藏桐溪所枕石. 而刻花葉詩一絶. 是桐翁遺筆也. 彷徨感慕. 不忍便歸. 鄭校理然時從昆季待以酒饌. 林君子華 基洪 追到. 偕入葛川書堂. 夕後到黃山. 愼門諸人. 出迎.

翌日. 周覽滌愁搜勝二臺. 暨觀水樓. 設講于樂水亭. 迫曛而罷. 夫此洞品題. 已有前評. 而統論三洞. 定其甲乙. 則松臺之幽絶. 搜勝之奇麗. 當爲傑然. 故花林尋眞. 難以抗猿鶴矣. 花林之淸泉白石. 亦處處可亭. 而尋眞一區. 風斯在下. 抑如孫興公之評潘陸文章. 所謂爛若披錦. 排似簡金也

歟. 聞搜勝西南金猿山. 有三瀑洞. 奇觀與搜勝相爲伯仲云. 而無人說道.
未得窮探. 是可恨也.

歸路迤向娥林之裹忠祠. 曾與李生允卿 祚永 有約也. 習禮講學. 足以勵
頹風淆俗. 李佳玉 鉉琪, 鄭大卿 奭采. 亦設講座於芳草亭東魯齋. 講大小
學. 討論愛敬修齊之道.

蓋此行酣飮山水. 談說經旨. 可謂兩得矣. 叔世玆遊. 誠非細幸. 故聊爲之記.

출전: 宋秉璿, 『淵齋集』「遊安陰山水記」

6

등오도산기

登吾道山記

신호인申顥仁

신호인(申顥仁, 1762~1832): 자는 사길(士吉)·원명(原明), 호는 삼주(三洲), 본관은 평산(平山)이다. 송환기(宋煥箕)의 문인으로 삼가의 용암서원(龍巖書院)에서 많은 선비를 모아 강회(講會)를 열었고, 서원 뜰에 비(碑)를 세워 송시열(宋時烈)이 조식(曺植)을 찬양하여 지은 비문을 새기기도 하였다. 용암서원의 제도를 재확립하고, 학풍을 크게 발전시켰다. 학문은 주로 경학(經學)에 치중하였는데, 『대학(大學)』·『중용(中庸)』에 대하여 깊이 연구하여 「대학차의(大學箚疑)」·「중용차의(中庸箚疑)」 등의 저술을 남겼다. 저서로는 『삼주선생문집(三洲先生文集)』 4권이 있다.

해제解題

「등오도산기登吾道山記」는 삼주三洲 신호인申顥仁이 합천의 오도산[47]을 등반하면서 산세의 험절함을 기록한 것이다. 금년 봄에 전염병을 피하여 이 고을에 와서 여러 족친과 지우들과 등산하게 됨을 밝히고, 오도라는 산 이름이 예전에 이 산에 은거한 자 중 자신의 도를 즐기는 자가 있었는지, 아니면 처음부터 오도와 발음이 비슷하여 그러한 지를 산에 올라 확인하기로 결심하였다. 자신은 나이가 많아 일찍 출발해서 작은 능선들을 넘어 산 정상을 올려보니 산세가 더욱 높아 보이는 것이 안회가 공자를 우러러보면 더욱 높아 보이고 뚫으려면 더욱 견고하다고 한 말이 이러한 것인가 하고 비유하였다. 경사가 급한 곳은 젊은 사람들이 앞뒤에서 부축하면서 중암中巖에 오르니 아찔하여 아래를 내려다볼 수 없을 정도이고, 산 정상에 오르니 서쪽은 지리산, 북은 가야산, 동남은 끝도 없어 보인다고 기록하고 있다. 지팡이를 끌며 흉금을 풀기에 아주 좋으며, 유가의 공부는 등산과 같아 입지가 첫째이며 뜻을 세웠으면 용감하게 정진해야 한다고 서술하고 있다.

국역國譯

강군江郡. 경남 합천의 서쪽에 산이 있는데, 가파르면서 구름에 덮여있는 것을 '오도吾道'라 한다. 도는 산 이름으로는 서로 맞지 않는데, 오도로 이름을 지은 까닭은 알 수 없는 일이다. 어떤 이는 "옛사람 중에 산속에 들어와 머물며 자

---

47) 오도산(吾道山): 경상남도 합천읍 북서쪽 14km 지점에 위치하며 가야산맥의 말단봉을 이루는 산이다. 높이는 1,134m이다.

신의 도를 즐긴 이가 그렇게 이름을 지었을 것이다. 아니면 처음의 산 이름이 오도 두 글자와 음이 서로 비슷해서 변하여 이렇게 되었을 것이다"라고 하였다. 그러나 이미 오도로 명명되었으니 다른 산들과는 다른 점이 있을 것이다.

나는 매번 이 산 아래를 오가면서 한 번 올라가 보려는 뜻을 가진 지가 오래되었다. 금년 봄에 전염병을 피해 심촌心村에 와서 잠시 머물렀는데, 심촌에 잠시 머물려고 새로 들어온 일가인 성겸聖謙이 문중의 어른과 젊은이 및 최남익崔南翼 군과 함께 산에 올라갈 날짜를 정하면서도, 나를 노인으로 여겨 처음부터 물어보지 않았다. 이에 내가 스스로 함께 가기를 청하여, 성겸·남익과 함께 산에 가기로 약속한 날짜보다 먼저 산 아래에 있는 류이진柳而鎭의 집에 가서 묵었다.

다음 날 아침에 밥을 재촉하여 먹고 이진과 그의 종제 이행而行과 함께 지팡이를 짚고 나섰으니, 때는 4월 초3일이었다. 작은 시내를 건너 소나무 아래에서 쉬면서 나중에 오는 이들[족조族祖 대규大規 원길元吉, 족숙族叔 윤현允賢 부자, 족종族從 원지元之 부자 및 류운거柳雲擧 군)]을 기다렸다. 어떤 작은 언덕에 올라서 머리를 들어 바라보니 산이 갈수록 높아져서 가슴이 답답하고 숨이 막혔다. 주부자朱夫子께서 "공부를 하다가 한계에 이르면 사방이 모두 캄캄하여 가야 할 길을 알지 못할 때가 있다[48]"고 한 것을 여기에서 견주어 볼 수 있었고, 안자顔子가 이른바, "우러러볼수록 더욱 높고 뚫을수록 더욱 단단하게 느껴진다"[49]라고 한 것 또한 이러한 까닭일 것이다.

---

48) 공부가 …… 때가 있다: 만인걸(萬人傑)이 공부하는 방법에 대해 묻자 주자(朱子)가 그 물음에 대답한 내용을 원용한 것이다. "만인걸에게 말하기를, 공부를 하다가 한계에 이르면 사면이 모두 캄캄하여 가야 할 길을 알지 못할 때가 있다. 안자(顔子)가 '우러러보면 더욱 높고 뚫으려 하면 더욱 굳고 앞에 있는 듯하다가 홀연히 뒤에 계시니 비록 따르고자 하나 따를 수 없다'고 하였으니, 이것이 진실로 갈 곳이 없다는 것이다[語萬人傑曰 平日工夫 須是做到極時 四邊皆黑 無路可入 方是有長進處 則可大進 若自覺有些長處 便道我已到了 是未足以爲大進也 顔子仰高鑽堅 瞻前忽後 及至雖欲從之 末由也已 眞是無去處了]"(『성리대전(性理大全)』 권44「학이 총론위학지방(學二 總論爲學之方)」)

49) 우러러 …… 느껴진다: 안연이 스승 공자의 도덕과 학문을 흠모해서 한 말이다[顔淵 喟然歎曰 仰之彌高 鑽

드디어 옷을 벗어 젊은이들에게 건네고 겉옷만 걸친 채로 지팡이를 짚고 오르기 시작하여, 위태한 곳을 만나면 젊은이들에게 손을 잡고 등을 떠밀게 하였고, 등나무와 칡덩굴을 잡고 끙끙대며 조금씩 나아갔는데, 산에 오르는 방법은 천천히 가는 것이 상책이다.

작은 언덕이 있으면 반드시 쉬었고 중암中巖에 이르러서 일행이 빙 둘러앉아서 휴식을 취하였다. 일행 중에 일찍이 올라본 적이 있는 이가 말하기를, "이제 반쯤 올라왔습니다"라고 하여 바위 봉우리 꼭대기를 올려다보니, 정상까지 오르려면 하늘 높이 올라가는 만큼이나 아득하게 느껴져 문득 중간에서 그만둬야 할 것 같은 걱정이 생겼다. 유가의 도로써 말하자면, 이것은 바로 인귀관人鬼關이니, 이 난관을 넘어서서 한 걸음 더 나아간 뒤라야 올라가서 아래를 굽어볼 수 있을 것이다.[50]

정답게 한참 이야기를 나누다가 절구 한 수를 읊고 일어났다. 이진과 이행이 돌아갈 길을 감당하지 못할 것을 염려하였고, 집안 어른 몇 사람도 중도에서 그만둘 생각이 없지 않았지만 내가 강하게 주장하여 함께 중암에 오른 것인데, 매우 높고 아찔하여 아래를 내려다볼 수 없었다. 들건대, 바위의 좌우에 석불石佛이 있다고 하였으나 나무에 가려져 찾기 어려웠다. 바위 밑은 굴처럼 파여서 5~6명을 수용할 만 하였는데, 바로 무당들이 기도하는 곳이었다. 마침내 한 걸음씩 더 나아가 힘이 다하면 주저앉곤 하였는데, 대여섯 번을 이와 같이 하고 난 후에 정상에 올랐다.

봉우리는 깎여서 쟁반 같은데 너비가 말통 정도 되고, 중간에는 작은 돌이 서 있는데, 담장처럼 돌을 쌓아 놓은 뒤편에 있는 작은 나무 한 그루는 겨우

之彌堅 瞻之在前 忽焉在後]("논어(論語)" 「자한(子罕)」).

50) 이것은 …… 것이다: 군자(君子)가 되느냐, 소인(小人)이 되느냐의 관문을 의미한다. "심경(心經)" 「성의장(誠意章)」에 "성의는 바로 인귀의 관문이니, 이 한 관문을 통과하여야만 바야흐로 진취할 수가 있다[誠意是人鬼關 過此一關 方會進]"라고 하였다.

한 줌 남짓이었으나 얼마의 세월을 거쳤는지 모르겠다. 골짜기 밑에는 얼음이 얼어서 녹지 않았고 바위 구멍에서는 철쭉이 막 피어나기 시작하였다. 아래 위를 한눈으로 볼 수 있는 가까운 거리지만 차고 따뜻한 차이가 있으니, 얼마나 기이한가! 지팡이를 짚고 바라보니 서쪽은 지리산智異山, 북쪽은 가야산伽倻山인데 멀어서 볼 수 없었으나, 동쪽과 남쪽은 끝이 없었다.

이날은 천기가 맑아서 안계眼界가 아득하였으니, 이는 참으로 밝고 드넓은 근원의 경지[51]라 할 만하였다. 지팡이를 끌고 배회하니 흉금이 탁 트여 세속을 떠나고 싶은 생각이 들었다. 절구 한 수를 얻어서 홀로 나지막하게 암송하고 함께 단란하게 앉아서 마음껏 즐기다가 내려왔다. 중암에 이르니 어떤 동자가 술을 가지고 왔기에 다 마신 후 절구 한 수를 읊조렸다. 산 아래에 이르니 이진의 맏아들이 술과 안주를 풍성하게 갖추고 와서 기다리고 있었다. 술잔과 그릇이 어지러이 흩어지도록 흥건히 취하였으니, 흉년에 성대한 모임이라 할 수 있었다. 저녁에 이진의 집에서 묵고 다음 날 머물던 곳으로 돌아왔다.

아! 우리 유가에서 지향하는 공부는 또한 산을 오르는 것과 같으니, 뜻을 세우는 것이 맨 먼저 해야 할 일이다. 뜻을 세웠으면 용감하게 정진하여 확고한 신념을 가지고 끊임없이 나아가, 이 늙은이가 이번 산행에서 한 것처럼만 한다면 우리 유가의 도에 들어갈 수 없다고 근심하지 않아도 될 것이다. 그러나 사람들 중에 아는 이가 없으니 슬플 따름이다.

---

51) 밝고 …… 경지: 홍경(洪慶)이 돌아가려 할 적에 주자(朱子)가 말하기를, "지금 공부를 해 보고자 한다면 우선 모름지기 단정하고 장엄한 자세로 존양을 하여 밝고 드넓은 근원의 경지를 홀로 보도록 하여야 할 것이요, 공부를 허비하여 종이 위의 말만 뚫어지게 쳐다보아서는 안 될 것이다[如今要下工夫 且須端莊存養 獨觀昭曠 之原 不須枉費工夫 鑽紙上語]" 하였다(『성리대전(性理大全)』 권44).

江郡之西有山. 崔峗入雲者曰吾道. 道於山不相當. 而得名而此. 未可知也.
或者. 昔人之入居山中者. 有樂吾道者而名之歟. 抑亦山之初名. 與此二字.
音相近而轉爲是也. 然旣名以吾道. 與諸山有異.

余每往來山下. 有一番登眺之意者. 久矣. 今年春. 避毒瘟來寓心村. 村中
新寓宗人聖謙. 與門中長少及崔君南翼. 約日登覽. 而以余爲老人. 初不相
詢. 余乃自請. 而與聖謙南翼. 前期往宿于山下柳而鎭所.

翌朝促飯. 與而鎭及其從弟而行. 策杖而出. 時四月初三也. 涉小澗. 憩于
松下. 待後行而族祖大規元吉·族叔允賢父子·族從元之父子及柳君雲擧. 陟
一小岡. 擡頭望之. 山勢益高. 胸緒杳阻. 朱夫子曰. 工夫到極時. 四邊俱
黑. 無路入頭. 此可以傍照矣. 顔子所謂. 仰之彌高. 鑽之彌堅者. 亦以是歟.
遂脫衣付少輩. 而單著攜笻上之. 遇急處. 則使少輩抱手推背. 而綠藤攀
葛. 寸寸而進. 登山之道. 上策徐行也. 有小丘則必憩. 而及到.

中巖. 一行環坐休之. 人有曾陟者曰. 此是半程也. 仰視之巖巒磨頂漠如雲
漢. 忽生半途廢之慮. 以吾道而言. 則此便是人鬼關. 過得此關. 而更進一
步. 然後庶可登臨也.

談唔良久. 吟一絶而起. 而鎭而行慮不堪復路. 族丈數人. 亦不無中止計.
而爲余强之. 共登中巖. 甚高危眩. 不能下視. 聞巖之左右有石佛而樹翳難
尋. 巖底成广. 可容五六人. 卽是巫覡祈禱地也. 遂進步勞極. 則坐. 如是
五六次而後上上峯.

峯削如盤. 可斗餘地. 中立小石. 築墻圍之後. 有一小木. 僅握餘. 不知爲
閱幾許風霜. 而谷底凝冰不解. 巖竇躑躅始綻. 上下一望之地. 寒煖有異.
何其異哉. 拄笻望之. 西有智異. 北有伽倻. 不能遠見. 而東南無際.

是日也. 天朗氣淸. 眼界縹緲. 此眞可謂昭曠之原也. 曳杖盤桓. 胸襟洞豁. 有遺世絶俗之思得一絶. 微自誦之. 共坐團圝. 極歡而下. 至于中巖. 一童子持酒來. 飮罷. 吟一絶. 至山下. 則而鎭之胤. 盛羞酒饌而候之. 杯盤狼藉. 可謂荒年盛集也. 暮宿而鎭家. 明日還寓所.

噫 吾儒家向上之工. 亦類登山. 立志爲第一事. 志苟立. 而奮勇躍出. 牢著脚跟. 進進不已. 如老夫今行之爲. 則不患不得入於吾道. 而人無知者. 可悲也夫.

출전: 申顥仁, 『三洲文集』「登吾道山記」

7

가야록

伽倻錄

이중무 李重茂

이중무(李重茂, 1568~1629): 자는 회부(晦敷), 호는 남계(柟溪), 본관은 벽진(碧珍)이다. 정구(鄭逑)를 찾아가 그 문하에서 수학하였다. 또, 김굉필(金宏弼)이 소요하던 숭산의 한훤당(寒喧堂) 구지(舊址)인 지동암(志同巖)에다 소학당(小學堂)을 짓고 내제(內弟)들과 같이 학문을 강마하면서 김굉필의 유풍을 사숙하였다. 굳센 선비의 기개와 청아한 지조가 있어 광해군 때 실제폐모(殺弟廢母)의 변이 있자 분연히 소를 올려 이의 부당함을 간하였다. 1780년(정조 4) 숭산 회산서원(會山書院)에 봉향되었다. 저서로는 『남계문집(柟溪文集)』 4권이 있다.

해제解題

「가야록伽倻錄」은『남계집柟溪集』에 수록된 것으로, 이중무李重茂, 1568~1629가 을축년1625 9월 12일부터 9월 16일까지 가야산 일대를 유람하고 남긴 기행문이다. 정건직, 송익, 이봉일, 임진부, 허돈, 홍탈, 정인준, 권양, 박인, 김수남이 동행하였으며, 여행의 경로는 청량동 무릉교, 홍류동, 구광루, 백련암, 봉천동, 우수봉 등이다. 무릉교에 이르러서는 동행자들 모두가 고운 최치원의 시에 화운하면서 연이어 시를 짓기도 하고, 또한 백련암에서는 승려들의 면벽 수행을 감상하기도 하였다. 이 명산을 다녀간 선현들이 많았지만 그중에 오직 어진 사람의 자취만 남았을 뿐이니 더욱 수행에 힘쓰라면서 글을 마무리했다.

국역國譯

내가 의춘宜春. 경남 의령에 있을 때 고운[孤雲. 최치원崔致遠]의 시를 읽었으니, 가야산을 안 지는 오래되었다. 근래에 가야산 아래에 잠시 머물면서 그곳에서 생활하고 먹고 마셨으니 가야산과 만날 수 있을 듯하였으나, 다만 인사가 다단하여 아직 한 번도 참된 경치를 구경하지 못하였다.

이에 가수嘉樹. 경남 한천에 사는 정건직鄭謇直 군, 보이輔而 송익宋翊, 응보膺甫 이봉일李奉一, 낙옹犖翁 임진부林眞怤, 덕휘德輝 허돈許燉, 이경以敬 홍탈洪梲, 강양江陽. 경남 한천에 사는 덕연德淵 정인준鄭仁濬, 임백任伯 권양權瀁, 백화伯和 박인朴絪, 여첨汝瞻 김수남金秀南과 함께 길을 떠났다. 이날이 바로 천계天啓 을축년1625 9월 12일이었다.

청량동淸涼洞을 지나 무릉교武陵橋에 도달하였는데, 이곳은 세속에 대한 생각이 한 점도 일어나지 않는 곳이었다. 천천히 걸어 홍류동紅流洞에 도착하여, 많은 바위와 깊은 골짜기 사이를 오가면서 새 우는 소리, 물 흐르는 소리에 빠져 있다가, 마침내 고운孤雲의 시[52]에 다음과 같이 화운하였다.

고운이 이 산에 들어왔단 말하더니	聞說孤雲入此巒
자신이 도리어 시비 사이 있었구나	自家還在是非間
유불선 배움을 그 누가 분별하리	儒仙佛學曾誰辯
오로지 시 명성만 산처럼 무겁구나	獨有詩名重與山

모든 사람들이 또한 연이어 시를 지어 읊고 인하여 술을 권하였는데, 그 양의 다소는 저마다 자기의 뜻에 따랐다.

오후에 시내를 따라가는데, 여러 돌들은 호랑이가 웅크린 듯하고, 용이 발갈퀴로 잡아당기는 듯했으며, 폭포는 눈을 뿜어내는 듯하고 우레를 치는 듯하여 마음과 눈이 모두 장엄해졌다. 산은 고요하고 골짜기는 그윽하여 몸과 마음이 더불어 고요해졌다. 그러니까 지형으로 말미암아 형상이 나타나고 감촉하는 대로 기이한 현상이 일어난다는 것이리라. 수목이 울창하여 맑은 샘과 흰 바위의 은은함이 길옆에 비치는 것이, 또 예컨대 달이 구름 속에 있으면서 때로 들어 났고 때로는 숨어 그 빛이 갑자기 밝아지거나 어두워지는 형상이, 전체를 다 드러내어 여운이 없는 것 보다는 나은 것이다. 전후에 이곳에서 노니는 자들이 이러한 경지를 깨우쳐 알겠는가? 옛날 사람들은 '새 우니 산 한결 그윽해지네[鳥鳴山更幽]'[53]라는 구절을 산에 거처하는 사람이 적막한 가운데 참

---

52) 고운(孤雲)의 시: 「제가야산독서당(題伽倻山讀書堂)」을 말한다. 거친 물살 바위 치며 온 산을 울리니/사람들 말 지척에서 분간조차 어렵네/시비를 따지는 소리 내 귀에 들릴까/흐르는 물에게 온 산을 싸게 했네[狂噴疊石吼重巒/人語難分咫尺間/常恐是非聲到耳/故教流水盡籠山]

53) 새 우니 산 한결 그윽해지네: 당나라 왕적(王籍)의 「입약야계(入若耶溪)」에 '매미 울자 숲 더욱 고요해지고/새 우니 산 한결 그윽해지네[蟬噪林愈靜/鳥鳴山更幽]'라고 보인다.

된 경지를 깨우친 말이라고 여겼는데, 오직 물상 너머에서 마음으로 노니는 자만이 이러한 의미를 알 수 있는 것이다.

천천히 걸으니 피곤한 줄도 모르고 어느새 십여 리를 가게 되어 구광루九光樓에 올라 잠깐 쉬었는데, 삼보승三寶僧을 불러 저녁밥을 마련하게 했다. 저녁을 마치고 나서 승려가 송엽차松葉茶를 내왔는데, 큰 사발 하나를 다 마시자 자못 속세의 기운을 씻어내는 듯했다. 여러 사람이 탐진당探眞堂에서 자고, 나와 덕연과 여첨은 따뜻한 곳을 취하여 동판각東板閣에서 잤다.

새벽에 탐진당에 모였는데 백화가 잔을 돌리고 임백이 시를 짓는 색장色掌[54]을 맡았으며 여첨이 차를 맡는 색장이 되었다. 이어서 산행을 하여 백련암白蓮菴에 도달하니, '보운普雲'이라는 한 노승이 나그네를 보고 너그러이 맞아주었는데, 자못 글자를 알아 더불어 산속의 고사를 이야기하면서 그에게서 해인사 창건의 시말을 상세하게 들었다. 그리고 그 암자에서 유숙하였다.

그다음 날 원당암願堂庵에 도달하였는데 여러 승려들이 다 면벽하고 앉아서 객이 와도 못 본 듯이 하여 물어보니 바로 참선승參禪僧이었다. 날이 이미 저물어 또 그 암자에서 유숙하였다.

새벽밥을 먹은 후에 건장한 한 화상으로 하여금 점심밥 상자를 짊어지고 앞에서 인도하게 하였는데 이날이 15일이었다. 봉천대奉天臺에 오르자 여기서부터는 산이 더욱 높아지고 길이 더 위험해져 우거진 수풀 속을 근근이 기어갔다. 한 곳에 이르니 석굴이 있었는데, 방 몇 칸 크기만 하였다. 돌문을 따라 들어가자 냉기가 뼈를 찔렀다. 승려가 "이곳은 얼음이 언덕처럼 쌓이는 곳입니다. 6월이 되어야 녹기 시작하는데 9월이면 다시 얼음이 생기기 시작하지요"라고 하였다. 너무 추워서 오래 머물 수 없어 다시 추위에 떨면서 부여잡고 올라가

---

54) 색장(色掌): 조선시대 성균관 소속의 임원. 동·서재에서 각 2인씩 선임되었는데 상급자를 상색장, 하급자를 하색장이라 하였다. 이들은 성균관의 학생임원으로 동·서재에 당직하면서 문묘(文廟)의 수호·관리 및 학생자치에 관한 일을 담당하였다.

니 구멍이 하나 있었다. 곧바로 산허리로 통하는데, 길이가 30, 40보 되었고, 넓이가 몇 길쯤이며, 높이가 4, 5척은 되었다. 고개를 숙이고 몸을 구부려 나오니 하늘이 확 열렸는데 바로 성주星州 땅이었다. 기이하도다, 조물주가 베풀어 놓은 것이여! 그 가운데 샘물이 있었는데, 돌 사이에서 흘러나온 것이 매우 맑고 시원하였다. 샘가에 빙 둘러앉아 점심을 먹고 손으로 물을 떠서 마셨다.

이어서 우수봉牛首峰에 오르니 형세가 매우 위험하여 다리는 떨리고 발이 후들거렸다. 한 걸음 두 걸음 천신만고 끝에 꼭대기에 오르니 바로 가야산 정상이었다. 숨 쉬는 기운이 곧바로 상제의 자리와 통하는 듯 마음과 가슴이 확 트여 막힘이 없었다. 눈을 돌려 사방을 바라보니 가야산이 오대산五臺山으로부터 오는데, 서북쪽은 덕유산德裕山, 금원산金猿山이 수백 리 사이에 가로로 뻗어 있어 시야를 가로막지만, 동남의 산들은 더불어 겨룰 만한 것이 없어 화왕산火旺山, 팔공산八公山 같은 여러 산들도 모두 무릎 아래에 있어 눈에 가릴 것이 없었다.

정상에 두 우물이 있는데 서로 통하여 흐르면서 날이 가물어도 마르지 않고 장맛비에도 넘치지 않았다. 이끼가 그 바닥에 가득 끼었는데도 맛을 보니 역시 달고 시원하였다. 이름이 '우비정牛鼻井'이었는데, 산봉우리의 이름이 '우수'이므로 우물 이름을 '우비'라고 한 것이리라. 암벽 사이의 수목은 모두 종기가 난 듯하고 굽어서 크기가 몇 자도 되지 않았다. 승려가, "이곳의 나무들은 5월이 되어서야 잎이 비로소 싹텄다가 7월이면 다시 말라 떨어진다"고 하였다. 그 나무의 마디 사이를 보면 일 년 자라는 것이 2, 3푼도 넘지 못하니, 그렇다면 몇 자의 높이는 몇백 년 자라서 된 것인 줄을 알지 못하겠다.

조금 있다가 바라보니 구름이 산에 가득하고 중간 아래로는 막막하여 땅이 보이지 않았다. 날이 저물어 걷기 힘들어지게 될까 두려워 드디어 지팡이를 잡고 산에서 내려왔다. 봉천대에 이르러 풀잎에 맺힌 이슬을 헤치니 산골짜기 물이 불어 있어서 비로소 소나기가 내렸다는 것을 알았는데, 산 위에는 햇빛이 맑고 환하였었다. 아마 비가 중간 부분에서만 내리고, 하늘에서 내린 것은 아닌 모양이었다. 절에 도달하니 옷과 신이 다 젖고 날은 이미 저물어 절의 승려가 저녁밥을 장만하고서 기다린 지가 오래였다. 이날 밤에 달게 잔 것은 구경하며 다니느라 피곤했기 때문이었다.

16일에 절문 밖으로 나갔는데, 홍류동 계곡의 경치가 좋아 차마 버리고 떠나지 못하고, 흰 바위 위에 아무렇게나 앉아 한 잔 마시고 한 번 읊조리느라 석양이 이미 산에 닿았는지도 몰랐다. 마침내 내려가서 청량암淸凉庵에 이르러 갔는데, 암자가 매우 쇠락하였고, 한 노승이 불당을 지키고 있었지만 식량을 조달하는 것도 군핍하였으니, 인생 말로에 좋은 곳이 없는 것은 절도 마찬가지인가?

다음 날 마침내 아쉬운 마음으로 서로 이별하였다. 밤에 생각해보니 이름난 산을 함께 유람한 것이 문득 꿈결인 듯싶었다. 마침내 그 삼일 동안 얻은 것을 기록하여 다른 날 와유臥遊[55)의 자료로 삼으려 하지만, 문장이 졸렬하고 말이 거칠어 그 만분의 일도 형용하지 못하니 탄식할 만하다. 옛날부터 이 산에서 노닌 자들이 몇천 명인지 알 수 없으나 오직 어진 사람의 자취만은 지금도 사라지지 않았다. 산이 어진 사람에게 후하고 보통 사람에게는 박한 것이 아닐테지만, 다만 보통 사람들은 전할 만한 실상이 없기 때문이리라. 그대들은 힘쓸진저!

---

55) 와유(臥遊): 실제로 몸은 그곳에 가지 않고 누워서 그림을 들여다보거나 글을 읽으면서 정신만 찾아 가서 노니는 것을 말한다.

予在宜春時. 讀孤雲詩. 得伽倻山久矣. 近寓其下. 起居飲食之. 若相接也.
而顧人事多端. 尙未得一涉眞境.

今得嘉樹鄭蹇直甫·宋翊輔而·李奉一膺甫·林眞怠樂翁·許燉德輝·洪梲以
敬·江陽鄭仁濬德淵·權漾任伯·朴絪伯和·金秀南汝瞻與之聯筇. 是日乃天
啓乙丑九月十二日也.

過淸凉洞. 至武陵橋. 此地無一點塵想. 遂徐行至紅流洞. 徘徊於千巖萬
壑之間. 凝神於鳥. 吟水聲之中. 遂和孤雲詩一絶曰. 聞說孤雲入此巒. 自
家還在是非間. 儒仙佛學曾誰辨. 獨有詩名重與山. 諸入亦相繼口號. 因命
酒. 筭之多小. 各任己意.

午後. 綠溪而行. 其衆石之虎蹲龍拏. 飛泉之噴雪激雷. 心目俱壯. 山靜谷
幽. 形神與寂. 所以因地現相. 隨觸出奇. 樹木蔚翳. 淸泉白石之隱. 暎於
途傍者. 又若月在雲中. 時現時隱. 其閃忽明晦之相. 較勝於全體呈露者之
跡之無餘味矣. 前後遊之者. 能識破此境否乎. 古人以鳥鳴山更幽之句. 爲
山家寂寞中會眞語. 惟遊心象外者. 能知此一般意味也.

緩步忘倦. 已行十餘里. 上九光樓. 少歇. 呼三寶僧具夕飯. 飯已. 僧進松
葉茶. 頓喫一大椀. 頗滌辛葷之氣. 諸人皆宿於探眞堂. 余與德淵汝瞻. 取
其溫處. 宿東板閣.

平明會于探眞堂. 伯和行盃. 任伯爲詩色掌. 汝瞻爲茶色掌. 因行到白蓮
庵. 有一老僧. 名曰普雲. 見客款接. 頗識字. 與之談山中故事. 聞海寺朔
設始末詳細. 因留宿其菴.

明日至願堂. 諸僧皆面壁而坐. 客到若無見. 問之乃參禪僧也. 日已暮. 又
留宿於其庵.

曉飯后. 令壯健一和尙. 負午飯一笥而前導. 是日卽十五日也. 上奉天臺.
自此山益峻. 路益險. 林木叢雜. 僅僅俯伏而行. 至一處. 有石窟. 可如房
室數間許. 從石門而入. 冷氣砭骨. 僧云此處積冰成堆. 至六月始消. 九月
復有冰. 過冷不可久留. 又凌兢扶曳而上. 有一穴. 直通山腰. 長可三四十
步. 廣數丈許. 高可四五尺. 低首曲躬而出. 闊然天開. 乃星州地也. 異哉
造物者之所施設也. 中有泉水. 自石間出甚淸冽. 遂圍坐午飯于其邊. 掬水
而飮.

乃上牛首峯. 勢甚危險. 脚戰足蹉. 一步二步百艱千辛. 到頭乃伽倻絶頂.
呼吸之氣. 直通帝座. 心胸爽豁. 悠悠蕩蕩. 縱目四望. 山自五臺而來. 西
北則德裕金猿橫亘於數百里之間. 遮絶眼界. 而東南之山. 無與頡頏. 若火
旺八公諸山. 皆在膝下. 目無遮碍.

上有二井. 相通爲汋. 天旱不涸. 霖雨不溢. 苔滿其底. 嘗之亦甘冽. 名曰
牛鼻. 以其峯名牛首. 故井名牛鼻歟. 巖壁間樹木. 皆癃瘇屈曲. 長不滿數
尺. 僧云此中樹木. 至五月葉始綻. 七月而復凋脫. 見其木節間. 一年所
長. 不過二三分許. 則數尺之高. 不知其幾百年所得矣.

俄見雲氣滿山. 腹下羃羃不見地. 恐日暮而致其窘步. 遂理筇而下山. 至奉
天臺. 草露離披. 山澗水漲. 始知驟雨注地. 而山上日光淸明. 蓋雨自中間
而作. 非從天而降者也. 抵寺衣履盡沾. 日已昏暮. 寺僧具夕飯而待者. 已
久矣. 是夜甘寢. 以其行役餘困也.

十六日. 因出寺門外. 愛紅流泉石. 不忍捨去. 雜坐於白石之上. 一觴一詠.
不知夕陽已在山. 遂下至淸凉庵宿. 庵甚凋殘. 有一老衲守佛堂. 粮道亦窘
乏. 末路無好地. 山家亦如是耶.

明日. 遂悵然相別. 夜間思之. 則名山之一時探歷. 俄落夢境. 遂錄其三日
所得. 爲他日臥遊之資. 而文拙語涉. 不能形容其萬一. 爲可歎. 從昔遊玆

山者. 不知幾百千人. 惟賢者之迹. 至今不泯. 山非厚於賢而薄於衆人. 特
衆人無可傳之實故耳. 諸公勉夫.

출전: 李重茂,『栜溪集』「伽倻錄」

8

유가야산록

遊伽倻山錄

최흥원崔興遠

최흥원(崔興遠, 1705~1786): 자는 태초(太初)·여호(汝浩), 호는 백불암(百弗庵), 본관은 경주(慶州)이다. 1778년 (정조 2) 학행으로 천거되었으며, 장악원주부를 거쳐 세자익위사좌익찬(世子翊衛司左翊贊)이 되었다. 백성들의 살기 어려운 정상을 보고 남전향약(藍田鄉約)에 의거하여 규약을 세우고 강학(講學)과 근검으로 저축에 힘쓰게 하며 선공고(先公庫)·휼빈고(恤貧庫) 등을 두어 생활안정을 얻게 하였다. 이것이 당시의 유명한 부인동규(夫仁 洞規)였다. 죽은 뒤 1789년 효행으로 정문이 세워졌고, 이듬해 승지에 추증되었다.

해제解題

「유가야산록遊伽倻山錄」은 『백불암집百弗庵集』에 수록되어 있는 것으로, 최흥원崔興遠, 1705~1786이 정축년1757 2월 17일과 18일 양일 간에 가야산을 유람하고 남긴 기행문이다. 곽천경이 동행하였으며, 여행의 경로는 해인사에서 대적광전과 대장경각, 가야산의 학사대와 관음암으로 되어 있다. 특히 장경각에서는 불상에 대한 설화를 허탄하다 하고 최치원의 화상이 불상 아래에 놓여있음을 비웃기도 하였다. 또한 병으로 다리가 약해져서 두루 구경하지 못하고 일부만 보게 된 것을 아쉬워하는 내용이 담겨 있다.

국역國譯

가야산伽倻山56)은 영남의 남기南紀57)인데 산수의 빼어남과 사찰의 융성함으로 가장 이름나서 오래전부터 한번 유람하고 싶었다. 정축년1757. 영조 33 봄, 마침 일 때문에 구담甌潭 곽노첨郭魯瞻 군의 집에 갔는데, 주인 곽군이 나에게 "일찍이 가야산을 한번 보고 싶어 한다는 얘기를 들었습니다. 지금 다행히 산과 가까운 곳에 왔으니 유람해 보지 않으시겠습니까?"라고 하여, 내가 "좋다"고 하였다. 곧 곽천경郭天擎 군과 더불어 억지로 병든 몸을 이끌고 비루먹은 나귀를 채찍질하여 반나절 만에 해인사海印寺에 도달하였으니, 2월 17일이었다.

이번 유람이 어찌 다만 기이한 경치만 보고 지나가는 것이겠는가? 마음에

---

56) 가야산(伽倻山): 경상북도 성주군과 경상남도 합천군 사이에 있는 산이다. 국립공원의 하나로, 해인사와 황제폭포 따위의 명승지가 있다. 높이는 1,430m이다.
57) 남기(南紀): 남쪽의 벼리라는 뜻으로 그 지방의 뼈대나 형승을 말한다. 『시경(詩經)』의 "넘실넘실한 강한은 남국의 벼리다[滔滔江漢南國之紀]"에서 나온 말이다.

간직할만한 선현의 유적을 구경하려는 기대도 있었다. 그러나 말을 주고받을 만큼 안면이 있는 승려가 없어서 무슨 대, 무슨 봉우리, 어떤 집, 어떤 누각 및 고적이나 유물에 대해서는 믿고 물어볼 수가 없었다. 또한 병들고 피곤하여 아래위로 걸어 다니며 직접 탐방하고 돌아오는 것을 할 수 없었으니, 나의 능력을 헤아리지 못하고 망령되이 산에 들어와서 다만 진경을 찾는다는 이름만 얻었을 뿐 그 실상이 없었던 것이 한스럽다.

다음 날 아침, 느지막이 일어나 천경을 데리고 부축을 받아 20여 층의 돌계단을 오르니, 이른바 대적광전大寂光殿이었다. 건물이 웅장하며 아름답고 불상은 크고 빼어나서 다른 절의 건물이나 불상은 비교가 되지 않았다. 그 뒤쪽으로 다시 30여 층의 돌계단을 오르니 이른바 대장경각大藏經閣이라는 것이 있었다. 대장경각은 앞뒤로 각각 15칸이고, 칸마다 있는 4개의 시렁은 모두 장경판藏經板으로 채워졌는데, 장경판의 수를 헤아릴 수가 없었다. 승려가 "대장경각에는 옛날부터 까마귀와 까치들도 날아들지 않았으니, 확실하게 그 영험하고 기이함을 증명하는 것입니다"라고 하는데, 어찌 이럴 리가 있겠는가?

대장경각 아래 동남쪽에 시왕전十王殿이 있고, 대적광전 서쪽에 진상전眞常殿이 있었다. 진상전 안의 불상 좌우에 세워진 것이 이른바 금탑이었는데, 오른쪽이 33층이고, 왼쪽은 28층이니, 탑의 층수는 모두 상징하는 바가 있다[58]고 하였다. 그 아래에 또 해행대解行臺가 있고, 해행대 가운데 불상이 있는데 색상이 시커멓고 얼굴에는 근심이 가득하였다. 불상이 이러한 까닭을 묻자, 승려가 "이 불상은 절을 중수할 때 고생하고 근심한 것이 얼굴에 이처럼 나타났습니다. 그래서 이 불상을 '수불愁佛'이라고 합니다"라고 대답하였는데, 그 또한 허황되고 괴이한 말이다. 해행대의 북쪽 벽 끝에 고운孤雲 최치원崔致遠의 화상畫像

---

58) 층수는 …… 있다: 33층은 제석천(帝釋天)을 비롯한 33천을 의미하고, 28층은 묘법연화경(妙法蓮華經)의 덕행품(德行品)을 비롯한 28품을 의미한다.

이 있었는데, 여유로운 모습이었지만 도리어 화상을 불상의 아래에 놓았으니 이것도 가소로웠다.

서쪽으로 하나의 높은 대에 오르니 이른바 학사대學士臺였는데, 고운이 손수 심은 소나무는 이미 말라버리고 다만 그 흔적만 남아있었다. 나의 이번 여행이 마침 이월 달이고, 비까지 내려서 소나무 심기에 적당한 듯해서 노비에게 명하여 작은 소나무 네 그루를 캐어 고운이 심었던 소나무 곁에 심으라고 했다. 뒷날 이 대에 오르는 자는 반드시 "가난한 선비가 다만 최 학사의 나무 심는 것만은 배웠구나"라고 할 것인데, 승려들이 과연 잘 보호하여 키울 것인지 모르겠다.

학사대에서 북쪽으로 수십 보를 가니 또 관음암觀音菴이 있었는데, 불경을 가르치는 승려 유기有璣가 그곳에서 무리를 거느리고 강학을 한다고 하였다. 이에 나귀를 채찍질하여 들어가니 승려 종열宗悅이 나와서 맞이하였는데, 그는 공산公山59)의 승려로서 객지에서 뜻하지 않게 만나니 놀랍고도 기뻤다. 얼마 뒤에 이른바 불경을 가르친다는 승려 유기가 비로소 나와 맞이하였는데, 말투가 더불어 말을 나눌만하였다. 이에 함께 앉아서 젊은 승려들에게 강학하게 하였는데, 그 규모는 비록 매우 잘하는 자들이 하는 것과는 같지 않았지만, 우리 유가에서는 대개 이러한 위엄 있는 의식이 없어진 지 오래되었으니, 저들의 융성함과 우리들의 쇠진함을 또한 볼 수 있었다.

어두울 때 돌아와 원융료圓融寮에서 잤는데, 승려 우영遇榮이 옛 유적이 든 상자를 가져왔다. 그 가운데 명나라 제독提督 이여송李如松의 것으로 전해지는 갓이 있었는데, 그 모양이 매우 해괴하고 이상하니, 어찌 중국 갓의 생김새가 이와 같겠는가? 또 이른바 지공誌公60)의 것이라는 바리때가 있었는데 지금 승려

---

59) 공산(公山): 대구 팔공산으로, 이 글을 지은 최흥원은 팔공산 아래 옻골[漆溪]에 살았다.

60) 지공(誌公, 417~514): 중국 양나라 때의 승려로, 거처가 일정하지 않고 무시로 음식을 먹으며, 머리를 수척(數尺)이나 기르고, 석장(錫杖) 끝에는 가위, 칼, 거울을 달고 다니는 등 기이한 행동을 하였다. 양 무제의 경신(敬

들이 쓰는 그릇과 대동소이하니 그것이 과연 수천 년 전의 놋그릇이겠는가?
기타 문서들이 한 두 개가 아니었지만 말이 대부분 허황하여 볼 만한 것이 아
니었다.

승려가 "산의 동쪽에 또 함허암涵虛菴·퇴설암堆雪菴·극락암極樂菴·지족암知足
菴·희랑암希朗菴·백련암白蓮菴 등이 있고, 산의 서쪽에는 또 봉서사鳳棲寺·서암西
菴·홍제암弘濟菴 등이 있는데 모두 구경할 만하다"고 하였다. 그러나 병으로 어
지럽고 다리가 불편하며, 또한 비를 만나 지체될까 두렵고, 돌아갈 생각이 급
해져서 마침내 두루 구경하지 못하였으니 자못 한스럽다. 그러나 세상일이 반
드시 원만하게 되는 것은 아닐 것이니, 또한 뒷날 다시 오는 것을 기대할 수 있
겠는가?

암석이 기이하고 빼어나며, 물이 맑고 시원하며, 골짜기가 깊고 숲이 울창
한 것과 무릉교武陵橋·홍류동紅流洞·낙화담洛花潭·회선암會仙巖·첩석대疊石臺·
취적봉吹篴峰 및 암벽 사이에 사람 이름을 많이 새겨 놓은 것들은 오는 길에 대
략 보고 지나쳤다. 그러나 훗날 오면 혹시 기억할 수 있을 것이지만, 끝내 그 사
이에 있는 선현의 유적은 보지 못하였으니, 생각건대 아마도 중간에 정인홍鄭仁
弘[61]이 그 골짜기 아래 각사리闍仕里에 살았기 때문에 그 당시 군자들이 왕래하
지 않은 것이 아닐까?

이른바 사적寺蹟을 기록한 책을 보니, 처음 해인사 터를 잡은 것은 순응順應[62]

信)을 받았고, 그를 공경하는 사람의 수가 헤아리기 어려울 정도로 많았다.

61) 정인홍(鄭仁弘, 1535~1623): 자는 덕원(德遠), 호는 내암(萊庵), 본관은 서산(瑞山)이다. 합천(陜川) 출생으로
   조식(曺植)에게 배웠다. 1573년(선조 6) 학행(學行)으로 천거되었고, 광해군 때 이언적(李彦迪)·이황(李滉)의
   문묘 종사를 저지하려 하다가 성균관 유생들에 의해 유적(儒籍)에서 삭제되는 등 큰 분란을 일으켰다. 1613년
   (광해군 5) 영창대군의 제거, 인목대비 유폐사건 등 정국이 혼란할 때 영의정에 올랐다가 1623년 인조반정으로
   참형되었다. 저서로 『내암집(萊庵集)』이 있다.

62) 순응(順應, 생몰미상): 신라 애장왕 때의 승려로 해인사(海印寺)를 창건하였다. 766년(혜공왕 2)에 당나라로 건
   너가서 지공(誌公)의 묘소를 찾아가서 7일 동안 선정(禪定)에 들어 법(法)을 구하자, 묘문(墓門)이 열리고 지공
   이 나와 설법하고 의발(衣鉢)과 신발을 전해주었다. 귀국 후 가야산에 들어가 802년(애장왕 3)에 해인사를 창
   건하였다.

과 이정^{理正(63)}이라는 두 승려로 지공에게 의발을 전수받고 와서 절터를 잡았으며, 절이 창건된 것은 신라 애장왕^{哀莊王} 때이다. 대략 써서 돌아와 집에 있는 동생과 아이들에게 보여줄 생각이었다.

원문原文

伽倻山爲嶺之南紀. 山水之勝. 寺觀之盛. 最有名稱. 久欲一遊其中. 丁丑春. 適因事到龜潭郭君魯瞻家. 主人君告余曰. 曾聞欲一看伽倻. 今幸近到. 得無意否. 余曰諾. 卽與郭君天擎. 强病驅策殘驢. 半日而達海印寺. 寔二月十七日也.

此行豈但爲看過奇勝. 或望有先賢遺躅可寄意者. 而僧無知面可與接談. 某臺某峰. 何堂何樓及古跡遺物. 無由憑問. 且自以病疲. 不能上下散步以躬探得還. 恨不自量力. 妄意入來. 徒得尋眞之名而無其實也.

厥翼晏起. 携天擎扶上石臺二十餘層. 人所謂大寂光殿. 殿宇壯麗. 佛像奇偉. 有非他寺佛宇之比. 其後更上石臺三十餘層. 又有所謂大藏經閣. 閣前後各十五間. 間各四架. 皆藏經板. 其數盖不可籌. 僧言此閣自古無烏鵲矢. 可驗其靈異. 豈有是理哉.

其下東南. 又有十王殿. 寂光之西. 又有眞常殿. 殿之內佛之左右立. 所謂金塔者. 右三十三層. 左二十八層. 其數皆有所象云. 其下又有解行臺. 中有佛像. 色深黑. 面多愁文. 問其故. 僧言此佛重修是寺勞. 愁見於形觀如此. 故名愁佛. 其亦誕怪也. 其北壁末. 有崔孤雲畫像. 似若有閒態而反在

---

63) 이정(理正·利貞. 생몰미상): 신라 애장왕 때 승려로 해인사를 창건하는 불사를 순응의 뒤를 이어 완성하였다고 전한다. 최치원이 『석이정전(釋理正傳)』과 「이정화상찬(利貞和尙讚)」을 지었지만 전하지는 않는다.

佛像之下. 是可笑也.

西上一高臺. 卽所謂學士臺. 而孤雲手植松已枯. 獨其查在矣. 余以爲此行適值二月. 天又雨. 正合植松. 乃命奴採四小松. 植其傍. 後之登此臺者. 其必曰措大特學學士之爲. 未知諸僧果護養得長否.

自此北上數十步. 又有觀音菴. 敎釋有機者率徒講學于其中云. 乃策驢而入. 僧宗悅者出見. 是公山僧也. 客地忽見. 可驚喜. 俄而所謂敎釋者始出謁見. 其辭氣可與言. 乃與之坐. 使講諸小僧. 其規模雖不如快善輩所爲. 而吾儒盖無此威儀久矣. 彼盛此衰. 亦可見也.

乘暮還宿圓融. 寮僧遇榮者納古蹟櫃. 其中有李提督遺笠. 其制甚駭異. 豈華制如此也. 又有所謂誌公遺鉢. 與今之僧器. 少異而大同. 其果爲數千年前鍮物乎. 其他文蹟. 又非一二編. 而語多弔詭. 有不足看也.

僧言山之東. 又有涵虛菴, 退雪菴, 極樂菴, 知足菴, 希朗菴, 白蓮菴. 山之西. 又有鳳棲寺, 西菴, 弘濟菴. 皆可觀. 顧病眩脚軟. 又恐遇雨見滯. 歸意便促. 終不能遍賞殊可恨. 然天下事. 不必圓滿. 亦可待後日更來耶.

若其巖石之奇秀. 水泉之澄寒. 與夫洞壑之邃林藪之蔚. 武陵橋·紅流洞·落花潭·會仙巖·疊石臺·吹笛峰. 及石壁間人姓名所刻之多. 則來路略綽看過. 後日之來. 或可記之. 而終未見先賢遺躅在其間. 意是中間. 鄭仁弘居於其洞下閱仕里. 故當日君子人無往來者耶.

見所謂寺蹟冊. 當初卜寺基者. 順應, 理正二僧. 得衣鉢於誌公而來占者也. 創此寺者. 新羅哀莊王也. 草草錄歸. 以示在家弟兒計爾.

출전: 崔興遠, 『百弗菴集』 「遊伽倻山錄」

9

유가야산기

遊伽倻山記

이병규 李炳奎

해제 解題

「유가야산기 遊伽倻山記」는 『자산유고 紫山遺稿』에 수록된 것으로, 이병규 李炳奎가 을미년연도미상 수막월 24일에 지인들과 가야산을 유람하고 남긴 기록이다. 동행한 지인들은 이상락, 심두환, 김병원, 권영희, 이중희, 이정희, 김진용, 이선 등이며, 여행의 경로는 연화봉, 구준봉이다. 특히 구준봉에서는 암자와 주변의 명산을 한눈에 구경한 기록을 적고 있는데, 우비천과 양읍굴, 능음굴 등 경승지마다 직접 작명을 하고 있다. 지은이 이병규 李炳奎에 대해서는 자세히 알려진바가 없고, 저서에 『자산유고』가 있다.

국역 國譯

가야산의 본래 이름은 우두산 牛頭山이다. 신라시대의 순응선사 順應禪師가 절[64]을 창건한 후로 지금의 이름으로 불렸다. 세속에서는 전하기를, '고운 孤雲 최치원 崔致遠이 누런 잎과 푸른 솔의 조짐[65]을 알고 이 산에 은거하였고 그로 말미암아 신선이 되었다'고 한다. 이 말이 비록 상고할 길이 없어 믿을 수 없지만, 산의 신령스러움은 자연히 미루어 상상할 만하다.

산은 성주 星州와 합천 陜川의 경계에 있는데 드높고 빼어난 기운은 모두 합천에 모여 있다. 가장 높은 봉우리는 연화봉 蓮花峰으로 귀신이 깎아 놓은 듯 멀리서 바라보면 물에서 나온 연꽃처럼 생겼다. 봉우리 위에는 큰 돌이 울퉁불퉁

---

64) 절: 해인사(海印寺)를 가리킨다.
65) 누런 잎과 푸른 솔의 조짐[葉黃松靑之兆]: 최치원이 신라는 장차 망하고 고려가 일어나 흥성할 것을 예언하여 "곡령의 소나무는 푸르고, 계림의 나뭇잎은 누렇게 바랠 것이다[鵠嶺松靑 鷄林葉黃]"라고 하였다. 곡령은 고려의 도읍지인 개성 송악산의 다른 이름이고, 계림은 경주의 다른 이름이다(『孤雲先生集』「孤雲先生事蹟」).

한데 움푹 구덩이가 파였다. 또 돌 하나가 그 가운데를 가로질러 있는데, 위는 잘리고 아래는 끊겨서 마치 감괘坎卦. 의 일양―陽이 이음二陰 사이에 자리하여 천일생수天一生水[66]의 형상을 얻은 것 같으니, 우비천牛鼻泉[67]이라 칭하는 것이 마땅하다. 이 샘은 가뭄과 장마에도 줄거나 넘침이 없고, 검푸르고 맑으며 깨 끗하고 시원하여 항상 분강溢江[68]의 색을 띠고 있는데, 봉우리의 이름을 물에 서 취한 것일까? 아니면 샘의 색깔이 봉우리 때문에 그렇게 된 것인가?

봉우리는 세 층으로 되어 있고 그 가운데의 큰 바위는 굴을 이루고 있다. 그 굴은 합천에서 성주로 통하는데 사람이 기어서 출입할 수 있으니, 양읍굴兩邑窟 이라 칭하는 것이 마땅하다. 바위의 구멍 가운데 공간은 길이가 여러 궁弓[69]이 며 수십 명을 수용할 만큼 넓다. 겨울에 얼음이 덩어리를 이루었다가 여름이 되어야 비로소 녹으니, 능음굴凌陰窟이라 칭하는 것이 마땅하다. 세상의 호사가 들이 나무를 잘라 시렁을 이어서 망령되이 어리석은 계책을 허비하였으나, 위 샘과 아래 샘이 습하여 마르지 않으니 가령 그 사람들이 짐작한 것 같은 뜻밖 의 일이 생기더라도 어찌 잠시라도 사람이 거처할 수 있겠는가?

구준九蹲, 중봉의 이름의 곁에는 바위가 우뚝 솟아 있고 꼭대기에는 늙은 소나 무가 자라는데 바라보면 우산을 누인 것 같다. 옷을 걷고 나무를 잡고서 생선 꽂이처럼 나란히 올라갔다. 정상에는 샘이 하나 있었는데 맑고 시원하였다. 거 슬러 올라가 보아도 근원을 찾을 수 없고 아래로도 그 물줄기를 볼 수가 없다. 마시면 문득 고갈되었다가 잠깐 사이에 다시 물이 고이니 상지수上池水[70]라고

---

66) 천일생수(天一生水): 『하도(河圖)』에서 오행(五行)을 설명할 때 제일 처음 하늘이 물을 내었다는 관념이다.

67) 우비천(牛鼻泉): 소코는 사물의 핵심을 의미하기도 하고, 한약재로 침을 내게 하고 산모의 젖을 내게 하는 효용 이 있으니 위의 천일생수와 연관해서 이름을 붙인 듯하다.

68) 분강(溢江): 중국 강서성(江西省)에 있는 강 이름으로 장강(長江)으로 들어가는 지류인데 백거이(白居易) 「비 파행(琵琶行)」에 "분강 근처라 땅이 낮고 습하여, 누런 갈대 마른 대나무가 집을 둘러싸 자란다네(住近溢江地 低濕 黃蘆苦竹遶宅生)"라는 구절이 있다.

69) 궁(弓): 활 하나의 길이나 여덟 자 정도를 말한다.

70) 상지수(上池水): 아직 땅에 이르지 않은 나무나 풀잎 위에 떨어진 맑은 이슬로 이를 채취하여 오랫동안 약으로

칭하는 것이 마땅하다. 이 세 가지는 내가 처음으로 이름을 붙인 것인데, 이것을 본 사람들이 어떻게 생각할 것인지는 모르겠다. 이른바 칠불암七佛庵이란 것은 황폐해진 지 오래여서 찾으러 갈 필요가 없었고 그저 한 번 바라보고 손가락으로 지적해볼 뿐이었다.

대개 우리나라에 명산이 비록 많으나 산 전체가 바위로 이루어져 불가의 절집이 된 것은 오직 이 산과 금강산뿐이다. 그러므로 세상에서는 가야산을 소금강小金剛이라고 부른다. 부근에 백련암白蓮庵 · 고견암高見庵 · 무흘원武屹院 · 만귀정晚歸亭 등이 있다지만, 모두 가려 보이지 않는다. 멀고도 아득한 하늘가에 뚜렷하게 가리킬 수 있는 것은 남으로는 지리智異, 서로는 덕유德裕이다. 또 그 서쪽으로는 계룡鷄龍, 다음 방향을 돌려서 북으로는 청화青華와 백화白華, 또 그 북으로는 조령鳥嶺, 다시 방향을 돌려서 동으로는 소백小白과 태백太白, 동의 안쪽에는 팔공八公, 동남의 사이에는 운문雲門과 대왕大旺, 남쪽의 안에는 도굴闍窟, 서남의 사이에는 황매黃梅, 또 그 안에는 오도吾道, 서쪽의 안에는 금원金猿, 서북의 사이에는 도봉道峰, 또 그 안에는 수도修道이다. 무릇 이 여러 산이 각 고을에 흩어져 있으니 진실로 일일이 올라가 구경하려 한다 해도 어려울 것임을 나는 알겠다. 지금 이 봉우리에 올라 한번 눈동자를 둘러봄으로써 그것들을 다 보았으니, 열자列子가 바람을 타는 것 같은 수고는 없었다.

이번 여행에 동행한 자는 정삼定三 이상락李相洛, 건칠建七 심두환(沈斗煥71), 성약聲若 김병원金炳遠, 윤부允夫 권영희權永熙, 성고聖固 이중희李重熙, 경양敬養 이정희李正熙, 덕소德昭 김진용金晉容, 무형茂衡 이선李璇이고, 때는 을미년1895 4월 24일이다.

쓰면 귀신을 볼 정도의 효험이 있다고 한다.

71) 심두환(沈斗煥, 1867~1938): 자는 건칠(建七), 호는 직와(直窩), 본관은 청송(青松)이다. 청송심씨 집성촌인 경상북도 합천군(陜川郡) 대양면(大陽面) 대목리(大目里) 이계(伊溪) 마을에서 출생하였다. 문집으로 『직와문집(直窩文集)』 6권이 전한다.

伽倻山本名牛頭. 自羅時順應禪宗創寺以後稱今名. 諺傳孤雲崔公知葉黃松青之兆. 隱居此山. 因以上仙云. 此雄無稽不足信. 而山之靈異. 自可推想矣.

山在星州陜川之界. 而龍嵸秀氣. 盡萃於陜. 其最上峯. 名曰蓮花. 神剜鬼削. 遙望若出水之芙蓉. 峯之上. 大石盤陁而坎窞. 又有一石橫中. 上絶下斷. 若坎之一陽. 位於二陰之中. 得天一生水之象. 宜稱牛鼻泉. 旱潦無加減. 紺清潔寒. 常帶溢江之色. 峯之名取於水歟. 抑泉之色因峰而然歟.

峯有三層. 而其中巨巖成窟. 自陜通星. 可容人之匍匐出入. 宜稱兩邑窟. 巖竇中空. 長可數弓. 闊可容數十人. 冬冰成堆. 至夏乃消. 宜稱凌陰窟. 世之好事者. 斬木連架. 忘費愚計. 然上泉下泉. 沮洳不乾. 設有意外之事或如其人之所料. 豈人之所可暫處乎.

九蹲之中峯名側. 有石斜立. 頂生古松. 望若偃盖. 攝衣攀木. 魚串而上. 上有一泉清冽. 溯之不覓源. 放之不見流. 飲之輒渴. 須臾復集. 宜稱上池水. 是三者. 皆余始名. 未知人之覽此者. 以爲如何也. 所謂七佛庵者. 荒廢已久. 無用往尋. 只一望指點而已.

盖海東名山雖多. 全身石髓. 爲禪佛之窟宅. 惟此山與金剛. 故世稱小金剛. 山之附近. 有白蓮庵古見庵武屹院晚歸亭. 而皆遮蔽不見. 遠而歷歷可指於雲天縹緲之外者. 南曰智異. 西曰德裕. 又其西曰鷄龍. 次此曰青華白華. 又其北曰鳥嶺. 次東曰小白太白. 東之內曰八公. 東南之間曰雲門大旺. 南之內曰闍窟. 西南之間曰黃梅. 又其內曰吾道. 西之內曰金猿. 西北之間曰道峯. 又其內曰修道. 凡此諸山. 散在各州. 苟欲一一登覽. 吾知其難矣. 今登此峯. 一縱目而盡之. 無勞列子之御風矣.

從吾行者. 李相洛定三·沈斗煥建七·金炳遠聲若·權永熙允夫·李重熙聖固·
李正熙敬養·金晉容德昭·李璇茂衡. 時靑羊秀葽月念四夜.

출전: 李炳奎,『紫山遺稿』「遊伽倻山記」

10

유집현산기

遊集賢山記

김인섭金麟燮

김인섭(金麟燮, 1827~1903): 자는 성부(聖夫), 호는 단계(端磎), 본관은 상산(商山)이다. 1846년(헌종 12)에 문과에 병과로 급제했고 장녕전 별검(長寧殿別檢)과 사간원 정언(司諫院正言)을 역임했다. 1862년(철종 13)에 일어난 단성민란(丹城民亂)의 지도자이다. 1882년 단성 향교의 강장(講長)에 추대되었고, 1894년 사간원 헌납(司諫院獻納), 1902년 통정에 올랐다. 저술로는 『단계문집(端磎文集)』, 『단계일기(端磎日記)』, 『관동일록(關東日錄)』, 『유산록(遊山錄)』 등이 있다.

해제解題

「유집현산기遊集賢山記」는 김인섭金麟燮, 1827~1903이 신축년 7월 기망에 저자와 이용진, 이수인, 이석영 등 노소 여러 벗들과 집현산을 등산하고 기록한 것이다. 마침 전날 비가 와서 날씨가 맑고 바람도 시원하여 유람하기에 좋은 날임을 밝히고, 걸어서 산 정상을 향하여 오르니 고개가 가파르며 초목이 우거지고 등나무와 칡덩굴이 우거져 길을 찾기도 어렵고, 평소에 다리도 약한 데다가 나이까지 들어서 거동이 불편하여 오직 믿을 것은 가마밖에 없음을 말하고, 이때부터 가마를 타고 올라가며 길의 험절함과 정상에서 내려다본 경관을 서술하였다. 가마를 타고 가던 중 구곡九曲을 만나 가마꾼이 발을 헛디뎌 낭떠러지에 떨어져 그 위험함을 예측할 수가 없는 등의 내용을 사실적으로 기술하였으며, 국사봉에서 멀리 내려다보이는 진양성, 남해의 금산, 월아산, 두류산의 천왕봉 등의 경관을 기술하고 동행한 동료들의 이름을 모두 기록하였다.

국역國譯

신축년1901 7월 16일에 노소 여러 벗들과 집현산集賢山72)을 유람하자고 약속했는데, 약속한 날짜가 되어 모두 모이니 매우 기뻤다. 게다가 전날 저녁에 가랑비가 내렸으나 하늘은 개고 햇빛은 밝았다. 가마꾼이 견여肩輿73)를 메고 오기를 기다렸다가 일신문日新門을 나서며 절구 한 수를 읊었다.

---

72) 집현산(集賢山): 경상남도 진주시 집현면 정평리에 위치하며 명석·집현면·미천면, 산청군 신안면·생비량면에 걸쳐 있는 산이다. 집현산의 주봉은 산청군 신안면에 있다. 집현산은 현자들이 모이는 산이라고 하여 그 지명이 유래하였다. 일설에 의하면 산신령이 거처하는 산으로 7평이면 족하다고 하여 칠평산(七坪山)이라고도 한다. 높이는 572m이다.
73) 견여(肩輿): 두 사람이 앞뒤에서 메는 간단한 가마이다.

한자리 다시 모여 두 눈은 밝아지고	一座重圓兩眼明
초가을 가을 기운 때맞춰 막 개는구나	新秋秋氣趁初晴
아침에 걸음걸음 산을 올라가자니	朝來步步登山去
바람이 오늘에야 이루어져 기쁘구나	喜愜心期此日成

마침내 길을 돌아 상봉上峰을 향해 가는데 초목이 무성하고 산비탈은 가파르며 시내에는 돌이 많고 칡덩굴이 앞을 가려 길머리가 보이지 않았다. 내가 평소 다리가 약한 데다 늙어서 병까지 더해져서 몇 발자국도 움직이지 못하니, 다만 가마만 믿고 갈 뿐이다. 이른바 구곡판九曲坂에 이르니 고요하고 깊어서, 마치 갔던 길을 되돌아오는 것 같았다.[74] 구곡판 뿐만 아니라 근처의 여남은 굽이마다 아래가 툭 끊겨 몇 길이나 되니, 가마꾼이 한 발이라도 잘못 디디면 사람과 가마가 모두 초목과 구덩이 속에 빠질 것 같아 험하기가 헤아릴 수 없었고, 황화곡黃花谷 입구는 심하게 꺾인 비탈이라 지나갈 수 없었다.

여기서 길은 좁아져 평탄한데 점점 봉우리 아래로 나아가다가 소나무 그늘진 곳에서 잠시 쉬었다. 이에 몸을 곧추세워 곧바로 상봉에 올랐는데, 옛 이름이 국사봉國士峰이라고 전하며, 제단과 수목이 있고 돌담을 둘렀다. 바위굴에 크고 작은 철마鐵馬 네 기를 보관하고 있었는데, 바로 기우제를 지내던 곳이었다.

오늘은 날씨가 맑아서 사방을 둘러보니, 북동쪽 층암절벽은 검푸른 빛이 하늘을 찌를 듯이 솟아있고, 마치 검은 용이 구불구불 서린 듯한 것은 가릉嘉陵. 경남 합천 의춘宜春. 경남 의령의 황매산黃梅山·도굴산闍崛山이었다.

여기서 한줄기 맥이 구불구불 오르내리며 안간역安磵驛. 진주시 미천면에 다다라 평평해졌다가 다시 서서히 완만하게 돌아서 서쪽에 이르러 솟아나 집현산이

---

74) 마치 …… 같았다[如往而復]: 당(唐)나라 한유(韓愈)가 태항산(太行山) 남쪽의 반곡으로 돌아가는 벗 이원(李願)을 전별하며 「송이원귀반곡서(送李願歸盤谷序)」에서 그곳의 지형을 말하면서 "휘감아 돌고 굽었으니 갔다가 되돌아오는 것 같다[繚而曲 如往而復]"고 하였다(『고문진보(古文眞寶)』 후집(後集)).

되었다. 산 남쪽은 진양성晉陽城. 경남 진주이요, 북쪽은 내가 사는 강성江城. 경남 산청 인데, 눈앞으로 남해에 가로 뻗어 아스라이 분별할 수 없는 것이 남해의 금산 錦山과 철성鐵城. 경남 고성의 와룡산臥龍山이었다. 정동 쪽에 하늘로 솟아오른 두 봉 우리가 마주 보는데, 마치 물 위로 떠오르는 연꽃 같고, 거인이 말안장에 앉아 서 금산과 와룡산 사이로 드나드는 것을 둘러보는 듯한[75] 것이 진양부의 월아 산月牙山[76]이요, 정서 쪽에 우뚝하게 하늘을 떠받치며 엄연히 땅을 내려다보는 것이 두류산頭流山의 천왕봉天王峰이었다.

편안히 앉아 오래도록 쉬자니 가슴이 후련하고 마음이 초연해져 절구 한 수 를 지었다.

표연히 바로 올라 찬바람에 올라타니	飄然直上御冷風
바다 넓고 하늘 개어 가슴이 트이네	海闊天晴豁我胸
늙어가도 호기는 아직껏 남았으니	老去猶能豪氣在
동남의 형승이야 집현산 봉우리네	東南形勝此山峰

이윽고 술과 밥이 나왔으나 나는 병으로 숨이 차서 술을 끊었는데, 혼자 깨 어있는 게 한스러워 억지로 한 잔 들었다. 여러 사람이 죽 둘러앉아 한 순배를 돌리고 차례대로 밥을 다 먹었으니 그럭저럭 한자리가 되었고, 벼랑에서 흘러

---

75) 말안장에 …… 듯한: 후한(後漢)의 복파 장군(伏波將軍) 마원(馬援)이 62세의 나이 때문에 출정을 허락받지 못하자, 광무제(光武帝) 앞에서 말안장에 훌쩍 뛰어올라 좌우를 둘러보면서[據鞍顧眄] 자신의 용력을 뽐낸 고사가 있다.

76) 월아산(月牙山): 경상남도 진주시 금산면 용아리에 위치한 산이다(고도: 469m). 금산면 월아리·장사리와 진성 면 동산리·가진리에 걸쳐 있다. 『신증동국여지승람(新增東國輿地勝覽)』 권30 진주목(晉州牧)에, "월아산(月牙 山)은 월아부곡(月牙部谷)에 있다"라고 수록되어 있다. 『진양지(晉陽誌)』에 "월아산은 월아미리(月牙彌里)에 있다"라고 수록되어 있다. 월아산 지명은 질매재 위로 떠오르는 달 모양을 보고 월아산이 달을 토해내는 듯하 다고 하여 달엄산 또는 달음산으로 불렸던 것에서 유래했다. 조선시대 국사봉에서 진주목사가 제주가 되어 기 우제를 올렸다.

내리는 물을 가지고 왔는데, 물이 맑고 차며 맛이 달았다.

걸음을 재촉하여 아래로 내려와 소나무가 그늘진 곳에서 잠시 쉬었는데, 갑자기 하늘가에 먹구름이 자욱하더니 빗방울 서너 점이 떨어졌다. 게다가 가마꾼의 짚신[77]이 떨어질까 걱정해서, 곧바로 내려와 구곡에 이르렀어도 오히려 벌벌 떨리며 두려워서 마음을 놓을 수 없었는데, 가마꾼도 백배나 조심하고, 좌우의 여러 사람이 넘어질 만하면 부축하고 위태로우면 잡아주어 아무 탈 없이 돌아올 수 있었다.

함께 유람한 사람들은 완산完山 이용진龍鎭 덕중德仲·이수인李守仁 여중汝仲, 합천陜川 이석영李錫永[78] 윤원允元·이현영李鉉永 사중士仲, 남평南平. 전남 나주 문정욱文正郁 장선章善, 청송靑松 심종택沈鍾澤 경원敬源, 성산星山. 경북 성주 이도석李道碩[79] 원선元善, 남원南原 양택로梁宅老 자화子和, 강진康津 안성호安性鎬 이선而善, 전주全州 류동수柳東秀 사형士亨, 화산花山. 경북 안동 권재립權載立 원약源若, 성산 이조수李祖洙[80] 백술伯述 등이다. 막내아들 인로仁老는 늦게 도착하였고, 적손과 시중꾼은 다 언급하지 못한다.

원문原文

辛丑七月旣望. 約老少諸友. 遊集賢山. 至是. 俱來會甚喜. 又前夕小雨. 天

---

77) 짚신: 천한 물건이므로 남에게 빌지 않아도 구비할 수 있다는 뜻에서 불차(不借)라고 하였다.

78) 이석영(李錫永, 1851~1909): 자는 윤원(允源), 호는 산초(山樵), 본관은 강양(江陽)이다. 김인섭(金麟燮)의 문하에서 수학하였다. 1886년 집현산에 들어가서 모현재(慕賢齋)를 세우고 경사를 탐독하며 후진을 교육하는 데 힘쓰다 향년 59세를 일기로 생을 마감하였다. 저서로 『산초집(山樵集)』이 있다.

79) 이도석(李道碩, 1881~1963): 이도형(李道瀅)의 초명이다. 자는 원선(元善), 호는 우헌(愚軒), 본관은 성주이다. 김인섭의 문인이다. 문집으로 『우헌유고(愚軒遺稿)』가 있다.

80) 이조수(李祖洙, 1882~1948): 자는 백술(伯述), 호는 노암(魯菴), 본관은 성주이다. 진주에서 살았으며 궁내부 주사(宮內府主事)를 지냈다.

日晴明. 待轎丁到肩輿. 出日新門口呼. 一絶曰. 一座重圓兩眼明. 新秋秋氣趁初晴. 朝來步步登山去. 喜愜心期此日成.

遂迤邐轉向上峰而去. 草樹茂密. 山坂峻急. 溪澗犖确. 藤葛蒙翳. 不見路頭. 余素患脚軟. 又添老病. 寸步不能運. 只信肩輿而行. 至所謂九曲坂. 窈而深. 如往而復. 不啻九曲而近十數曲. 其下卽阤絶數仞. 轎夫若蹉一足. 則人與轎俱陷草樹坑塹中. 險不可測. 黃花之口九折坂. 不能過也.

自是. 路小平. 稍稍進峰下. 松陰處小憩. 於是. 篸身直上上峰. 舊名相傳國士峰. 有壇墠樹木. 環以石牆. 巖竇藏鐵馬大小四. 乃祭天禱雨處也.

是日也. 天朗氣淸. 四望. 北東層巖絶壑. 黛色參天. 如黑龍蜿蜒盤踞者. 嘉陵宜春之黃梅闍崛等山也.

自是. 又一脈迤邐起伏. 抵安磵驛. 作平土. 又徐徐宛轉. 西來起爲此山. 山之陽晋陽城府也. 其陰則吾江城也. 眼前橫亘南海. 而微茫不能辨者. 南海之錦山. 鐵城之臥龍山也. 正東秀出天中兩峰相對. 如蓮花出水. 如鉅人據鞍. 顧眄出入其間者. 本府之月牙山也. 正西突兀撑霄漢. 儼臨下土者. 頭流之天王峰也.

安坐久息. 胸次盪開. 心期超遠. 作一絶曰. 飄然直上御冷風. 海闊天晴豁我胸. 老去猶能豪氣在. 東南形勝此山峰. 已而酒進飯至. 余病喘絶飲. 恨其獨醒. 強擧一酌. 諸人列坐一巡. 訖喫飯傳次. 多少一場. 懸水以來. 水清冽味甘.

促行下至. 小憩松陰處. 忽天際黑雲浮浮. 雨落三四點. 又轎夫患絶不借. 仍下至九曲處. 猶凌兢悸恐. 不能放心. 轎夫亦百倍用慮. 左右諸人. 扶顚持危. 無事得還.

同遊者. 完山李龍鎭德仲·李守仁汝仲·陝川李錫永允元·李鉉永士仲·南平文正郁章善·靑松沈鍾澤敬源·星山李道碩元善·南原梁宅老子和·康津安性鎬

而善·全州柳東秀士亨·花山權載立源若·星山李祖洙伯述. 季子仁老晚到.
不能及適孫价從.

출전: 金麟燮, 『端磎集』「遊集賢山記」

11

유청암서악기

遊靑巖西岳記

하수일河受一

하수일(河受一, 1553~1612): 자는 태이(太易), 호는 송정(松亭), 본관은 진주이다. 종숙(從叔)인 각재(覺齋) 하항(河沆, 1538~1590)에게 수학하여 남명 조식의 학문을 전수받았다. 1589년 생원시에 합격한 뒤, 1591년 문관에 급제하여 성균관 전적ㆍ이조정랑ㆍ경상도 도사 등을 역임하였다. 저서에 『송정집(松亭集)』이 있다.

해제解題

「유청암서악기遊靑巖西岳記」는 송정松亭 하수일河受一. 1553~1612이 4월에 두 동생과 함께 청암靑巖의 서쪽에 있는 토가사에서 글을 읽다가 여러 지인들이 청암의 서악이 가장 높으니 한번 유람할 것을 권유받고 등반한 내용을 기술한 것이다. 지인 10여 명과 함께 승려의 길 안내와 뒤에는 또 한 명의 호위를 받으며 산을 오르다가 서일암西日庵에서 한 승려를 만나 이율곡의 일을 자세히 전해 듣게 되고, 산 정상에 올라서는 멀리 보이는 지리산 천왕봉과 금산 와룡 등을 기술하고, 동행한 지우들에게 작은 산에 올라도 볼 수 있는 것이 이러하거늘 태산에 오르면 어떠하겠느냐고 반문하고, 학문을 하는 것은 산을 오르는 것과 같음을 말하면서 자신이 높게 처하면 높이 볼 수 있음을 일깨워주고 정상에서 시 한 수씩을 짓고 하산하는 내용을 기록하였다.

국역國譯

청암靑巖, 경남 하동군 서쪽의 토가사土佳寺는 절 좌우는 모두 산이다. 언덕 하나가 둥그렇게 높이 솟아 하늘을 가릴 듯이 동문洞門을 이룬 것이 동악東岳이고, 층층이 쌓인 봉우리가 여러 번 오르락내리락하다가 맺혀서 주산主山이 된 것은 북악北岳이다. 작은 봉우리가 나지막하게 솟아서 남쪽에서 일어난 것이 남악南岳이고 남쪽으로부터 점점 높이 솟아나 천길 절벽처럼 우뚝 솟은 것이 서악西岳이다.

금년 여름 4월에 나는 두 아우와 함께 여기에서 독서하였는데, 얼마 지나지 않아 나에게 배우러 온 자들이 많이 모였다. 제군들이 말하기를, "사악四岳 중에 서악이 가장 기이하고 가파릅니다. 한번 올라가 유람하시지요"라고 하였다. 이에 작은 대나무지팡이를 짚고 승려로 하여금 한 사람은 앞에서 인도하고, 또 한 사람은 뒤를 보호하고, 또 한 사람은 물을 길어 따라오게 하였다.

서쪽 문을 나서서 작은 시내를 건너니 시냇가부터는 돌길이 점점 험하고 가팔랐다. 수십 걸음을 가니 작은 암자가 있었는데, 돌담장과 돌사다리, 붉은 용마루가 푸른 숲 사이로 반쯤 드러났고 서일암西日菴이라고 부르는데, 바로 목수이자 승려인 지관智觀이 지은 것이다. 작년 겨울에 내가 이 암자에 이르러 시 한 수를 지었으니 다음과 같다.

푸른 산속 새 암자 티끌 멀리 청정한데	翠微新闢迥塵清
낙엽 진 텅 빈 산에 돌길은 선명하네	木落山空石路明
밤중에 바위 달은 창밖에서 떠오르고	巖月夜從牕外湧
새벽녘 골짝 구름 머리맡에 피어나네	洞雲晨傍枕前生

암자 왼쪽을 경유하여 또 수십 걸음을 가니 아름다운 꽃과 기이한 나무들이 층층이 푸른빛을 띠며 우거져서 그늘을 이루었다. 머리를 숙이고 짙은 녹음사이로 들어가니 상쾌한 기운이 넘쳐났다. 여럿이 바위 턱에서 쉬며 이야기를 나누고 있는데 뒤를 호위하던 승려가 갑자기 합장하고 앞으로 나오더니 이율곡李栗谷의 일을 말하였는데 자못 상세하였다. 내가 괴이하게 여겨 그 까닭을 물으니 승려가 이르기를, "저는 금강산에서 온 중입니다. 그래서 이 일을 압니다"라고 하였다.

이야기를 마치고 다시 일어나 정상을 향해 올라갔는데, 그 서북쪽은 여러 봉우리가 주위를 둘러싸고 가려져 있어 한 가지도 보이는 게 없었고, 다만 지리산智異山의 천왕봉天王峰이 허공에 높이 솟아있을 뿐이었다. 이에 "우뚝 서 있는 것은 우러러볼수록 높아만 진다"[81]고 한 것을 깨달았다. 그 동남쪽은 목도鶩島, 경남 하동군와 섬진강蟾津江이 눈앞에서 바다로 흘러가고 금산錦山, 경남 남해군과 와룡산臥龍山, 경남 사천시이 또한 발밑에 있었다. 그 밖의 여러 언덕과 작은 시내는 개밋둑 같고 허리띠 같아서 한눈에도 차지 않았다.

내가 여러 사람들에게 말하기를, "작은 언덕에 올라도 보이는 것이 이와 같거늘, 하물며 태산에 올라 천하를 굽어봄[82]에 있어서랴!"라고 하였다. 이즈음에서 한마디 말이 없을 수 없어, 마침내 '봉峯' 자를 운자로 하여 제군들이 각각 시 한 수씩을 지었다. 시를 다 읊조리고 돌아가려 하는데, 승려가 오던 길로 인도하고자 하였다. 여러 사람들이 말하기를, "안 됩니다. 무릇 사람이 옛 습관에 젖어서 새로운 길로 나아가지 않는 것을 옛사람들이 경계한 바이니 마땅히 새로운 길로 안내하시오"라고 하였다.

마침내 꼭대기로부터 점점 내려와 남쪽으로 향하니, 몸이 낮아질수록 시야도 더욱 좁아졌다. 내가 말하기를, "사군자士君子는 몸 둘 곳을 마땅히 가려야 한다. 낮은 곳에 처하면 식견이 낮아지고, 높은 곳에 처하면 식견이 높아진다. 높지 않은 곳을 택해서야 어찌 지혜를 얻겠는가? 옛날에 정부자程夫子께서 산에 오르는 것을 공부하는 것에 비유하였으니, 어찌 취하여 본받지 않겠는가?"라고 하였다. 이때 산의 해가 점점 어두워지기 시작하였고 손님 두 사람이 외부로부터 왔다고 하여 서둘러 내려와 절에 도착하니 바로 이여실李汝實 형제가 와 있었다.

이번 산행에 함께 유람한 자는 열 사람이었으니, 우리 형제 세 사람과 정안

---

81) 우뚝 …… 진다: 『논어(論語)』 「자한(子罕)」에, 안자(顔子)가 일찍이 공자(孔子)의 무궁무진(無窮無盡)한 도를 깊이 감탄하여 말하기를, "우리 스승의 도는 우러러볼수록 높아만 지고 뚫어 보아도 더욱 견고하다. …… 스승님은 어느 샌가 또 새롭게 우뚝 서 계시는 도다! 아, 스승님을 따르고자 하나 어디서 그 실마리를 잡아야 할꼬[仰之彌高 鑽之彌堅 …… 如有所立卓爾 雖欲從之 末由也已]"라고 하였다.

82) 태산에 …… 굽어봄: 맹자(孟子)가 이르기를, "공자가 동산에 올라서는 노나라를 작게 여겼고, 태산에 올라서는 천하를 작게 여겼다[孔子登東山而小魯 登泰山而小天下]"라고 하였다『맹자(孟子)』「진심(盡心) 상(上)」).

성鄭安性 군·하문현河文顯·손문병孫文炳·양성해梁成海·손성孫誠 등이고, 따라온 아이는 양산해梁山海·종해宗海이다.

원문原文

靑巖. 西土佳寺. 寺左右皆山. 越一丘穹然高峙. 遮爲洞門者爲東岳. 層巒屢
起. 伏結而爲主山者爲北岳. 小巘微隆而起于南者爲南岳. 自南漸高而聳秀.
壁立千仞者爲西岳.

今年夏四月. 余與二弟讀書于此. 未幾. 以學從余者多萃焉. 諸君曰. 四岳
中西岳最奇峭. 請一上遊焉. 於是策小簜. 使僧一人導前. 一人護後. 一人汲
水以從.

出西門渡小溪. 自溪上石路稍峻急. 行十數步. 有小菴. 石墻石梯朱甍半露
積翠間. 號西日菴. 乃梓僧智觀所築. 去年冬. 余至其菴題一律曰. 翠微新
闢迥塵淸. 木落山空右路明. 巖月夜從牕外湧. 洞雲晨傍枕前生.

由菴左又行十數步. 佳卉異植. 層翠繁陰. 俛入綠縟. 爽氣瀏瀏. 諸君因憩
話石頭. 護後僧忽合手而前. 乃言李栗谷事頗詳. 余怪問其故. 僧云我金剛
僧也. 故知之.

談罷. 且起且行. 求絶頂以登. 其西北則羣峰周匝蔽障. 一物無所見. 但見
智異天王聳立薄空而已. 是知所立卓爾者仰而彌高也. 其東南則鷔島·蟾江.
朝宗眼前. 錦山·臥龍. 又在脚底. 其餘衆丘小流. 若垤若帶. 不盈一視.

余謂諸君曰. 登小岳. 所見如是. 況登泰山以臨天下者乎. 此間不可無一言.
遂呼峰字使押. 諸君各成一詩. 吟訖乃歸. 僧欲導舊路. 諸君曰不可. 凡人
狃舊習. 不能卽新者. 古人所戒. 宜新導.

遂由嶽巔漸下而南. 身愈下見愈下. 余曰. 士君子處身宜擇. 處下而見下.
處高而見高. 擇不處高. 焉得智. 昔. 程夫子因登山譬爲學. 盍取法焉. 時
山日漸暮. 有二客自外至. 促下到寺. 乃李汝實昆季也.
是行也. 凡同遊者十人. 余兄弟三人及鄭君安性·河文顯·孫文炳·梁成海·
孫誠. 童子從者梁山海·宗海.

출전: 河受一,『松亭集』「遊靑巖西岳記」

12

유부암산기

遊傅巖山記

김인섭金麟燮

김인섭(金麟燮, 1827~1903): 자는 성부(聖夫), 호는 단계(端磎), 본관은 상산(商山)이다. 1862년(철종 13)에 일어난 단성민란(丹城民亂)의 지도자이다. 1846년(헌종 12)에 문과에 병과로 급제하였으나, 1848년, 1854년에 거듭 사직하고 귀향. 이때 평소에 경모하던 영남 남인계의 대학자인 유치명(柳致明)을 안동으로 가서 찾아보고, 관직을 단념하고 학문에 힘쓸 뜻을 확고히 하였다. 이후로는 관직에 나아가지 않고 향리인 단성 단계리에서 생활하였다. 1882년 단성 향교의 강장(講長)에 추대되었고, 1894년 사간원헌납(司諫院獻納), 1902년 통정에 올랐다. 저술로는 『단계문집(端磎文集)』 28권, 『단계일기(端磎日記)』 53년분 53책, 『언행유편(言行類編)』·『이동자변(異同字辨)』·『기아초선(箕雅抄選)』·『관동일록(關東日錄)』·『유산록(遊山錄)』·『대암잡지(大嵒雜誌)』·『두류만록(頭流漫錄)』·『회암출처편록(晦庵出處編錄)』·『일월행도기(日月行道記)』·『춘추대강(春秋大綱)』 등이 있다.

해제解題

「유부암산기遊傅巖山記」는 갑인년1854에 김인섭金麟燮, 1827~1903이 친척들과 같이 단성현丹城縣에 위치한 부암산傅巖山을 등산하고 기록한 것이다. 부암산에는 돌이 많고 바위가 우뚝하여 올라가기에 험한 산이라고 소개하고 있다. 맑은 날 부암산에 올라가 보면 삼천포三千浦, 남해南海, 노량露梁까지 바라볼 수 있다고 하였으나, 바람과 먼지가 많아 멀리 보지 못한 것을 안타까워하고 있다.

국역國譯

부암산傅巖山[83]은 단성현丹城縣, 경남 산청 북쪽 45리 법계法溪 위에 있다. 황매봉黃梅峰의 한 갈래가 구불구불 동쪽으로 달려가면서 뚝 끊어졌다가 다시 일어나 이 산이 되었다. 산은 돌이 많고 바위가 우뚝하며 바라보면 뾰족하고 험하면서도 기이하다.

갑인년1854 늦봄에 손님을 보내고 법계에 이르러 서실에서 자고 다음 날 산에 올랐다. 산꼭대기에 석축이 있었는데, 종 8대조인 무안務安 공께서 난리를 피하셨을 때 쌓은 것이었다. 또 옛날 철마鐵馬가 있었는데, 말 머리가 향하는 곳이라 호랑이에게 해를 당하는 일이 많다고 마을사람들이 헐어 없애 버려서 지금은 없다. 산이 끊어졌다가 일어나는 곳을 '주유현舟踰峴'이라고 부르는데, 사람들 말로는 우왕이 치수하던 때에 배를 타고 이곳에 와서 배를 댔다고 하지만, 우리나라의 습속이 부풀리기를 좋아하니 믿을 수 없음이 이와 같다.

---

83) 부암산(傅岩山): 황매산에서 남쪽으로 내리뻗은 능선의 끝자락에 솟아 오른 암봉산으로 높이는 715m이다. 산청군 신등면 장천리 이교마을 뒤편의 북쪽 방향에 위치하고 있다.

내려오면서는 석굴과 약천藥泉의 괴이함을 보았는데, 함께 유람한 이는 족숙族叔과 사형士衡씨, 재종숙再從叔 덕경德卿, 삼종제三從弟 평보平甫, 족인族人 정규正奎, 척종戚從 김덕현金德見, 곤제昆弟 김주로金周老, 그리고 나까지 모두 여덟 사람이었다.

이 산은 땅에서 가장 높이 우뚝 솟아 맑은 날 올라가보면 삼천포三千浦, 남해南海, 노량露梁까지 바라볼 수 있는데, 이날은 바람과 먼지가 많아 멀리 바라볼 수가 없었으니 이것이 안타까웠다. 아래에는 7대조인 부암처사傅巖處士 공의 묘가 있다.

원문原文

傅巖山. 在縣北四十五里法溪上. 黃梅一支. 委蛇東走. 屻斷復起. 爲此山. 山多石巉嵒. 望之嵬巒險奇.

甲寅春莫. 送客至法溪. 宿書室. 翼日登山. 山巓有石築. 從八代祖務安公. 避亂時所築. 又古有鐵馬. 峽岷以馬首所向. 多虎患. 毀滅之. 今不存. 山之斷起處. 號舟踰峴. 人言大禹治水時. 乘舟來泊云. 東俗好誕. 不可信如此. 降觀石窟藥泉之異. 同遊者. 族叔士衡氏·再從叔德卿·三從弟平甫·族人正奎·戚從金德見·舅弟金周老. 及余凡八人.

是山拔地極高. 晴日登臨. 則可望三千浦南海露梁. 而是日多風埃. 不能遠觀. 是可恨也. 下有七代祖. 傅巖處士公墓.

출전: 金麟燮, 『端磎集』 「遊傅巖山記」

13

유금산기

遊錦山記

정위鄭煒

정위(鄭煒, 1740~1811): 자는 휘조(輝祖), 호는 지애(芝厓), 본관은 청주(淸州)이다. 아버지는 통덕랑 지복(之復)이며, 이상정(李象靖)과 최흥원(崔興遠)에게 배웠다. 1796년(정조 20) 효행과 학문으로 조정에 천거되어 이듬해에 온릉참봉(溫陵參奉)이 되었으나 곧 사직하고 고향으로 돌아갔다. 8대조 정구(鄭逑)를 추모하여 숙야재(夙夜齋)를 지어서 후학들을 가르치며 학문연마에 몰두하였다. 저서로는 『지애문집(芝厓文集)』이 있다.

해제解題

「유금산기遊錦山記」는 계해癸亥[1803, 순조 3]년 정위鄭煒, 1740~1811가 남해의 금산錦山
을 여행하고 기록한 것이다. 사람의 성품이 명산대천을 유람하기를 좋아하는
사람도 있고 집안에서 공부하기를 좋아하는 사람이 있음을 말하고 자신은 두
가지 병통이 다 있음을 피력하고, 소릉少陵의 숙부와 남해 금산을 여행할 것을
약속하였으나 숙부가 병으로 동행하지 못하고 장인여張仁如와 편지로 함께하
기로 약속하였으나 그 약속을 믿지 않고 먼저 출발하였다. 장인여와 박사행朴
士行, 권현보權顯甫 등 7명이 남해까지 가는 동안 여러 곳과 이순신 장군의 유적
지 등을 돌아보고, 남해 해안의 풍경과 내륙의 풍경의 차이점 등을 기술하고,
풍랑이 심하여 배를 건너지 못하다가 남해태수를 만나 무사히 건너는 등 여
정을 자세히 기록하였다. 금산을 두루 여행하고 집으로 돌아오니 숙부는 이미
사망하였다고 기록하고 있다.

국역國譯

사람마다 좋아하는 것이 달라서 어떤 사람은 산수 유람에 빠져 방랑하며
돌아오지 않거나 혹은 외진 곳에 살며 집안을 벗어나지 않는 자가 있으니, 이
것은 모두 품성이 편벽해서 중도中道를 얻지 못한 것이다. 나는 두 가지를 병통
으로 여겨서 몇 년에 한 번 집안을 벗어나거나, 혹은 해마다 한 번은 유람을 떠
나서 답답함을 떨쳐내곤 하였다.

올해1803, 순조 3 9월 16일, 나는 소릉少陵 숙부와 남해의 금산錦山[84]을 유람하기

---

84) 금산(錦山): 경상남도 남해군 상주면·삼동면·이동면에 걸쳐 있는 산으로 해발은 681m 정도이고, 한려해상국

로 약속하였으나 숙부의 병이 심해져서 함께 가지 못하게 되었다. 내가 홀로 가는 것이 몹시 무료하여 떠나기 하루 전에 장인여張仁如에게 편지를 보내 함께 가자고 하였으나, 하루 만에 500리 유람을 준비하는 것은 왕자유王子猷와 대안 도戴安道[85]의 풍류가 아니면 할 수 없는 것이었다.

나는 장인여 일행을 기다릴 수 없어서 표연히 홀로 길을 떠나 단계丹溪. 산청 군 신득면에 도착하여 하루를 묵고 일어나니, 해노奚奴[86]가 편지를 가지고 왔기에 열어 보니 인여가 보낸 것이었다. 대개 인여는 내가 출발한 날에 우리 집에 뒤 따라 도착하였는데, 내가 먼저 떠난 것을 알고 곧바로 길을 떠나 구평九坪. 산청 군 생초면에 도착하여 편지를 보내 함께 가자고 부탁한 것이다. 내가 편지를 보고 "참으로 빼어난 선비이고 믿을 만한 사람이다"라고 하자, 좌우에서 그 까닭을 묻기에 내가 인여와 있었던 일들을 말하니, 모두 "이것은 옛 분들이 하던 일입 니다"라고 하였다.

얼마 뒤에 인여가 와서 만났고, 인하여 박사행朴士行, 권현보權顯甫와 함께 사 촌沙邨에 가서 이자옥李子玉에게 함께 가자고 하였고, 소남召南. 산청군 단성면으로 발 길을 돌려서는 조입중趙立仲, 조직부趙直夫에게 함께 가자고 권하여 여러 사람이 동행하였는데, 모두 7명이었다.

나란히 말을 몰아 남해로 향하였는데, 바닷가 마을에는 객점이 없어서 마 곡麻谷. 사천시 곤명면, 중기中基. 하동군 악양면, 대곡大谷. 진주시 대곡면 등에 투숙하였는데, 비

립공원의 유일한 산악공원이다. 본래는 보광산(普光山)이라 하였는데, 이성계(李成桂)가 이 산에서 수도하고 왕좌에 오르게 되자 은혜를 갚기 위하여 비단 '금(錦)'자를 써서 지금의 이름이 붙게 되었다.

85) 왕자유(王子猷)와 대안도(戴安道): 자유는 왕휘지(王徽之)의 자(字)이고 안도는 왕휘지의 친구 대규(戴逵)의 자이다. 왕휘지가 산음에서 큰 눈으로 온 세상이 새하얗게 변하자 흥취가 일어나 멀리 섬계(剡溪)에 사는 대규 가 보고 싶어 곧바로 조각배를 타고 새벽녘에 그의 문 앞에 도착했다가 들어가지 않고 그만 돌아오자, 누가 그 이유를 물으니 "나는 본디 흥이 나서 갔는데 흥이 식었으니 대규를 반드시 볼 일이 뭐가 있겠는가"라고 대답 하였다.

86) 해노(奚奴): 유람 때 함께 다니는 종이다. 당(唐)나라 때 이하(李賀)가 명승지를 유람하며 얻은 시를 해노가 가 지고 다니는 주머니인 해낭(奚囊)에 넣어 보관했다고 한다.

록 주인이 정성을 다해 대접하였지만, 서로 알지도 못하는 집이었고, 여기저기에 투숙한 것도 본래 그러려던 마음은 아니었다.

곤양昆陽, 경남 사천시에서 비로소 바다를 볼 수 있었는데, 남해의 크기는 비록 동해에 미치지 못하나 흥취는 도리어 뛰어났다. 도로 주변은 산이 돌고 골짜기가 굽어서 굽이마다 바다였는데, 고깃배가 곳곳에 무리를 이루고 크고 작은 섬들이 점점이 물 위에 떠 있는 것을 보니 진실로 그림 속의 기이한 풍경이었다.

출발해서 열흘 만에 노량진露梁津, 남해군 설천면에 도착했는데, 바닷물 세 줄기가 합쳐져서 넘실거리는 물결이 하늘에 있는 나루터 같았고, 바다를 건너는 것이 몇 리나 되어 바람을 만나면 건널 수 없었다. 또 나루터의 법이 엄격하여 수령의 명이 아니면 건너지 못하였다. 물에 가로막혀 건너지 못하고 나루터 가에서 며칠 동안 오도 가도 못하였는데, 마침 남해태수南海太守의 좌수영左水營으로 내려가는 행차가 나루를 건너오는 것을 만나서 잠깐 대화를 나누고 간신히 나루를 건넜다. 나루터 위에 충무공忠武公을 모신 사당이 있었다. 곧은 충정과 굳은 의지는 백 년이 지나도 미루어 헤아릴 수 있었으니, 왜적을 물리친 곳과 절개를 지켜 죽은 터를 사람들이 모두 손가락으로 가리켰다. 또 벽해암碧海菴 몇 칸이 바닷가에 있었는데, 승려 몇 사람이 머물고 있었다.

날은 저물어가고 갈 길은 멀어서 말을 바쁘게 치달려 황혼 무렵에 남해읍南海邑에 도착하였는데, 이곳은 남해에 있는 섬이라서 풍속과 물산이 육지와는 달랐다. 이날 밤은 고을 아전 집에서 자고, 날이 밝기를 기다려 아침을 먹고 금산으로 향했는데, 아직도 40리 길이었다. 비로소 금산 아래에 도착하니, 용문사龍門寺, 남해군 이동면 중들이 가마를 가지고 기다리고 있었다. 처음으로 말에서 내려 가마를 타고 산꼭대기로 올라갔는데, 위험하여 가마를 탈 수 없으면 가마에서 내려 걷기도 하면서 모두 세 번을 쉬고서 꼭대기에 올랐다. 단풍은 이미 지고 있었으나 기암괴석이 마치 사람처럼 우뚝우뚝 서 있었다. 이른바 구정봉九井峯 · 장군석將軍石 · 일월봉日月峯 · 좌선대坐仙臺 · 저두석猪頭石 · 응성굴應聲窟 · 용굴湖窟 · 홍문虹門을 비롯한 여러 명승은 하나하나 다 기록할 수가 없고, 바위 사이에서 솟아나는 '감로수甘露水'도 있었다.

늙은 승려 한 명이 유람을 안내하여 날이 저물어 보리암菩提菴, 남해군 상주면에 들어갔는데 방들이 깨끗하여 머물만하였다. 창문을 열고 보니, 바다와 하늘이 맞닿아 있고 안개와 구름은 끝이 없었으며, 다만 보이는 것은 이리저리 오가는 고기잡이배 불빛뿐이었고, 곳곳의 크고 작은 섬들은 봉우리 같았다. 대마도對馬島가 마치 눈앞에 있는 것 같았고, 좌수영이 있는 순천順天 땅도 뚜렷하게 보였다.

다음 날 새벽, 승려가 "일출을 보러 갑시다"라고 하여 같이 간 사람들이 모두 문밖을 나서서 보니, 바다와 하늘이 맞닿는 곳에 붉은 수레바퀴가 검은 구름 속에서 나오는데, 느릿느릿하면서도 솟아오르지는 않아 마치 오르락내리락하는 것 같더니, 얼마 후에 검은 구름 속에서 푸른 하늘로 떠올랐다.

일출을 보고 난 후, 서둘러 밥을 먹고 하산하여 남해읍에 이르러 말에게 먹이를 주었고, 화방사花房寺, 남해군 고현면에 들어가 묵었다. 다음 날은 다솔사多率寺, 사천시 곤명면에서 묵었고, 그다음날은 지담芝潭에서 묵었으며, 또 그다음날 함께 촉석루矗石樓 아래에 도착하여 각자 헤어졌다.

무릇 금산의 경치는 온 나라에 소문나서 사람들이 모두 보기를 원하지만 그러지 못하는데, 내가 한번 가서 두루 살펴보았으니 마음과 눈이 모두 상쾌해졌다. 평생의 소원을 이루었으나 돌아오자 한바탕 꿈처럼 멍하여, 도리어 집에 있으면서 하던 공부를 탐구하는 것만도 못했으니 또한 우습고 한탄스러웠다. 하물며 겨우 돌아온 지 며칠 만에 소릉의 숙부께서 지병으로 돌아가셔서 지난날 함께 가자고 약속한 일이 묵은 자취가 되어버렸으니 더욱 애통하다. 이에 자초지종을 적어 훗날 와유臥遊 거리로 삼을 뿐이다.

人之好尙不同. 或有遊覽山水. 於浪不返者. 或者杜門窮廬. 不出戶庭者. 是皆性之偏. 而不得其中也. 余兩病之. 或數年一出. 或一歲一遊. 暢其幽鬱焉.

今年之秋九月旣望. 約余少陵叔. 同往南海之錦山. 其叔病甚不可行. 余將獨往. 頗無聊. 行之前一日. 寄書於張仁如. 要與同行. 而一日之內. 辨得半千里之遊. 非王子猷戴安道之風流不可爲也.

吾不能待其行. 飄然獨擧. 抵丹溪. 一宿而起. 有一系特書而來. 坼見則仁如書也. 蓋仁如於吾發行日. 追到吾家. 見吾先發. 卽速登程. 來抵九坪. 書託其偕往也. 吾見書曰. 眞奇士也信人也. 左右問其故. 吾語其實. 皆曰. 此古人事也.

未幾仁如來會. 因與朴士行·權顯甫. 往沙邨勸起李子玉. 轉向召南勸起趙立仲·趙直夫. 諸人同行. 凡七人.

聯鑣幷轡. 將向南海. 海邨無店余. 投宿於麻谷·中基·大谷. 某某處. 雖主人款接. 生面之家. 處處投宿. 非其本心也.

昆陽地始見海水. 南海之. 大雖不及東海. 而滋味反勝焉. 道路之際. 山回谷轉. 曲曲而海水. 見漁舶處處成群. 島嶼點點浮水. 眞畫中奇景也.

發行凡十日. 而到露梁津. 海水合三流. 而漲流如天津. 渡將數里. 遇風則不可渡也. 且津法甚嚴. 非官令則不能渡. 阻水未渡. 彷徨於津上. 將數日. 適遇南海太守營下之行. 渡津而來. 霎時對話. 艱辛越津. 津上有忠武公遺祠. 貞忠壯志. 可以想見於百載之下. 而其殲虜之地. 死卽之墟. 行人皆指點焉. 又有碧海菴數間在海頭. 孤僧數人留守焉.

日將暮前頭遠. 策馬疾驅. 黃昏到南海邑. 是區乃海中一島也. 民俗地産.

與陸地異焉. 是夜留宿於邑吏家. 待明而食. 將向錦山. 尙且四十里地也. 纔及山下. 龍門寺緇徒. 持藍輿而來待. 始下馬而輿. 登陟山頂. 危不可輿. 則或下而步. 凡三憩而登絶頂. 楓葉已晚. 而奇巖怪石. 立立如人. 所謂九井峯·將軍石·日月峯·坐仙臺·猪頭石·應聲窟·龍窟·虹門. 諸名勝. 不可勝記. 巖間有水瀉出. 稱曰甘露水.

老僧一人. 前導遊覽. 日暮入菩提菴. 房櫳靜潔可宿. 開戶而見. 則海天無際. 煙雲無邊. 但見漁火點點去來. 島嶼處處如峯. 對馬島如在眼中. 左水營順天之界. 歷歷可見.

翌曉僧告曰. 出見日出. 同行齊出門外而見. 則海天相接之際. 紅輪自黑雲中出. 遲遲不上. 有若上下者然. 俄頃自黑雲中. 浮出靑天.

見日出後. 諸人催食下山. 到南海邑秣馬. 轉入花房寺而宿. 翌日宿多率寺. 又其翌宿芝潭. 又其翌齊到矗石樓下. 各自分路.

夫錦山之勝. 聞於國內. 人皆願見而不得者. 吾能一出而遍覽. 心目俱爽. 庶遂平生之願而歸來. 怳然一夢矣. 還不如在家溫理舊業. 亦足笑歎. 況纔還數日. 少陵叔以前病死. 向日約行之事. 已作陳迹. 尤可悲也. 玆記顚末. 爲他日臥遊之資. 云爾.

14

금산기

錦山記

송병선宋秉璿

송병선(宋秉璿, 1836~1905): 자는 화옥(華玉), 호는 연재(淵齋), 시호는 문충(文忠), 본관은 은진(恩津)이다. 송시열의 9세손으로 학행(學行)으로 천거 받아 좨주(祭酒)에 기용된 뒤 서연관(書筵官)·경연관(經筵官)·대사헌을 지냈다. 1905년 을사조약이 체결되자 망국의 울분을 참지 못하고 음독 자결했다. 의정(議政)이 추증되었고, 1962년 대한민국 건국공로훈장 단장(현 건국훈장 독립장)이 추서되었다. 문집으로 『무계만집(武溪謾集)』, 『연재집(淵齋集)』이 있다.

해제解題

「금산기錦山記」는 송병선宋秉璿, 1836~1905이 남해의 금산을 유람하고 기록한 것이다. 여행한 연도 표시는 없으며 금산의 유적지와 암자나 봉우리와 지형, 풍광, 바위의 형상들을 보고 느낀 대로 기록하였다. 남해 금산은 소금강이라 불리며 이충무공의 묘는 잡초가 무성하고 비석 하나만이 황량한 가운데 서 있으며 비문은 문정공文正公 송시열이 짓고 동춘당春翁 송준길이 썼으며 그 좌측에는 김자암적려비金自菴謫廬碑가 있고 10리쯤에 관음포는 이충무공이 순국한 장소이며, 보리암菩提庵, 대장봉大藏峯, 구정봉九井峯 등의 거리와 위치, 지형 등을 상세히 기술하였으며, 구정봉의 물맛은 금강산 불지암의 감로수보다 맛이 좋으며 산 정상에서 바라본 한라산 대마도와 원근의 여러 산과 크고 작은 섬들의 형상을 기술하고 신설술을 10년을 배워도 이렇게 만들지 못할 것이라는 내용을 기록하였다.

국역國譯

금산錦山[87]은 남해 가운데 있기 때문에 소금강이라고 부른다. 내가 일찍이 그 이름을 듣고 남쪽을 유람하려는 흥을 일으켜 노량露梁을 건넜더니 강에 임해 뚝 끊어진 언덕이 있고, 그 위에 충무공의 사당이 있었지만 무너져서 잡초가 무성하고, 오직 황량한 속에 비석만 하나 외로이 서 있어서 어루만지며 감

---

87) 금산(錦山): 경상남도 남해군 상주면 상주리 마을의 북쪽에 있는 산으로 높이 705m이다.

개에 젖어 바로 떠날 수가 없었는데, 글은 문정공文正公[88]이 지었고 춘옹春翁[89]이 글씨를 쓴 것이었다. 왼쪽으로 몇 걸음 가니 또 김자암金自菴[90]의 적려비謫廬碑가 있었다. 십여 리를 가니 관음포觀音浦였는데 바로 충무공이 순국한 곳이었다. 일명 이락李落이라고도 하니 방통龐統의 낙봉파落鳳坡[91]와 같은 의미인데, 연천淵泉 홍석주洪奭周[92]가 글을 지었고 비각을 만들어놓았다. 지팡이를 짚고 한 번 읽고서 떠났다. 길은 모두 바다와 잇닿아서 텅 비어 끝이 없었으니 하늘을 날며 바람을 모는 느낌이 있었다.

오시午時에 읍에 이르니 사방이 산으로 둘러싸여 바다가 보이지 않았고 은은히 계곡 속에 널찍한 모양이었는데, 인물이 맑고 예뻐서 섬 속 같지가 않았다. 그곳에는 석류와 귤이 많았는데 바야흐로 한참 익어 푸른 잎 사이로 붉고 노랗게 서로 비쳐서 두세 촌락이 마치 그림 속에 있는 것 같았다.

용문사龍門寺를 거쳐 금산錦山 아래에 이르렀다. 이 산은 백운산白雲山[93]에서 왔는데 바다를 건너 불쑥 튀어나와 드높으면서도 아름답고 위에는 옛 신선의 유적이 있었다. 나는 듯이 걸어 바람처럼 올라갔는데, 초대初臺에 이르니 그 앞

---

88) 문정공(文正公): 송시열(宋時烈, 1607~1689)을 가리킨다. 문정공은 송시열의 시호이다.

89) 춘옹(春翁): 송준길(宋浚吉, 1606~1672)을 가리킨다. 송준길의 자는 명보(明甫), 호는 동춘당(同春堂), 시호는 문정(文正), 본관은 은진(恩津)으로 송시열 등과 함께 북벌계획(北伐計劃)에 참여하였다. 김자점(金自點)이 북진정책을 청나라에 밀고하여 자신도 벼슬에서 물러나 낙향하였다. 영의정이 추증되었으며 문묘(文廟)를 비롯하여 공주 충현서원(忠顯書院) 등에 배향되었다. 학문적으로는 송시열과 같은 경향의 성리학자로서 특히 예학(禮學)에 밝고 이이의 학설을 지지하였으며, 문장과 글씨에도 뛰어났다. 저서에 문집 『동춘당집(同春堂集)』과 『어록해(語錄解)』가 있고, 글씨에 「충렬사비문(忠烈祠碑文)」, 「윤영순절비문(尹榮殉節碑文)」 등이 있다.

90) 김자암(金自菴): 김구(金絿, 1488~1534)를 말한다. 본관은 광산, 자는 대유(大柔), 호는 자암(自庵)·삼일재(三一齋)이다. 부제학을 지냈고, 기묘사화로 유배되었다. 조선 초기 4대 서예가의 한 사람으로, 그의 서체를 인수체(仁壽體)라고 이른다. 저서에 『자암집(自菴集)』이 있다.

91) 방통의 낙봉파: 『삼국지연의(三國志演義)』에서 봉추(鳳雛)라는 별명을 지닌 방통이 촉(蜀)으로 진군하던 중 낙봉파에서 죽은 이야기를 말한다.

92) 홍석주(洪奭周, 1774~1842): 자는 성백(成伯), 호는 연천(淵泉), 본관은 풍산(豊山)이다. 대제학·이조판서를 거쳐 좌의정에 이르렀는데, 성품이 고요하고 겸허하여 지위가 정승에 올랐지만 처하기를 평민과 같이 하였다고 한다. 성리학에 밝고 특히 문장에 능해 당시의 대가의 한 사람으로 손꼽혔다. 저서로는 『연천집(淵泉集)』, 『학해(學海)』, 『영가삼이집(永嘉三怡集)』, 『동사세가(東史世家)』, 『학강산필(鶴岡散筆)』 등이 있다.

93) 백운산(白雲山): 경상남도 함양군에 있는 산이다(1,279m).

에 누가 꿇어앉은 흔적이 있었다. 또 중대中臺를 지나 몇 리를 가니 바위 두 개가 서로 마주 보고 있었는데 모양이 사자와 같았고, 곁에 작은 우물을 뚫어 '세안수洗眼水'라고 하였다.

벼랑을 따라 나무들 속으로 가서 이리저리 구불거리며 보리암菩提菴에 이르렀다. 암자는 대장봉大藏峯 아래에 있었는데 청정하여 한 점의 속진도 없었다. 그 앞은 큰 바다였는데 문루에 앉아 창을 열고 바라보니 아득히 끝나는 데가 없고, 은빛 파도와 눈발 같은 물결이 바로 앉은 자리에서 출렁였다. 서쪽으로 꺾어 남으로 수백 걸음을 내려가 구정봉九井峯에 이르렀는데, 세 귀퉁이가 모두 높은 벼랑으로 가팔랐고 뒤쪽으로만 조금 끊겼다가 언덕으로 이어졌다. 그쪽을 따라 꼭대기에 오르니 겹쳐진 돌이 솥처럼 우묵하였고 왼쪽에는 완연히 조는 중처럼 생긴 바위가 하나 있었다.

서쪽 절벽 위의 바위 구멍은 입을 딱 벌려 감실을 이루었는데 겨우 두 사람이 들어갈 만했다. 가운데 작은 우물이 있었는데 마치 물을 담아놓은 그릇 같았고 깊이는 몇 치쯤으로 '감로수甘露水'라고 불렀다. 넘어 들어가 엎어놓은 표주박을 당겨 마셔보니 맛이 매우 맑고 찼다. 상하사방에 전혀 물이 흘러들어 오는 길이 없으니 분명히 돌 기운이 응결한 것이리라. 승려가 "물을 길어도 줄어들지 않고 가득 차도 넘치지 않습니다"라고 말했다. 지금 우리가 마신 것도 대여섯 그릇은 될 터인데 역시 줄어들지 않아서 그 이치를 정말로 추측하기 어려웠다. 금강산의 불지암佛地菴에도 비록 감로라는 이름이 있지만, 비교도 되지 않으니 천지간에 둘도 없는 것이리라.

왼쪽으로 꺾어 내려오면서 보니 바위가 탑처럼 층층이 쌓여서 높이가 수십 장이나 되었는데, 이것이 좌선대坐仙臺이다. 곁에는 또 바위가 어지러이 늘어서서 결국 발바닥을 붙이면서 위로 넘어가서 대여섯 걸음을 나아가 대 아래에 이르렀다. 훌쩍 산꼭대기에 올라가니 꼭대기가 걸상처럼 파여서 한 사람이 앉을 만했는데, 예전에 원효대사가 이곳에서 도를 이루었다고 한다. 여러 봉우리가 가파르고 깊숙하며 우뚝 높아서 의젓하게 무리 지어 서 있으니, 대장봉大藏峰·일월봉日月峰·화엄봉華巖峰·향로봉香爐峰이라는 것이었다. 하나하나가 기이하게 솟구쳐 옥비녀를 뽑은 듯, 연꽃을 꽂은 듯해서 지저분한 속세의 기운이 전혀 없었다. 온 산의 참모습이 여기에서 다 보여 마치 별세계를 연 듯 사람을 심취하게 하니 그 위에 십 년을 앉아 신선술을 배우려 해도 할 수가 없었다. 일월봉에는 저두암猪頭巖이 있고 바닥에 또 바위 하나가 있었는데 모양이 엎드린 거북 같았다.

대개 이 산에서 전체를 대충 훑어보면 별다른 모양이나 특이한 형태가 없는 듯하지만, 자세히 살펴보면 봉우리와 바위가 모두 사물의 형상과 닮아서 풍악산楓岳山의 만물초萬物肖를 방불할 정도로 닮았다. 대에서 내려와 동쪽으로 가서 음성굴音聲窟에 이르렀다. 바닥에 여러 돌멩이가 놓여서 지팡이로 두드리니 벽에서 종과 북처럼 음악 소리가 나는데, 일찍이 듣기에는 팔음八音이 번갈아 들린다더니, 자세히 들어도 무엇이 그렇게 하는지 알 수가 없었으나, 기이하고 장대함은 극에 이르렀다. 왼쪽 벽에 또 굴이 있어 구불구불 길게 통하였는데 그 깊이를 헤아릴 수 없으니 이른바 용굴龍窟이라는 것이었다.

오른쪽 위로 돌아 일고여덟 걸음을 가니 홍문虹門이었다. 큰 바위 가운데가 휑하니 비었고 위에는 작은 구멍이 있어 간신히 한 사람이 내려갈 만하였다. 구멍 속으로 구부려서 내려가니 성문처럼 양쪽으로 뚫렸고 수삼십 명을 들일 만큼 넓었다. 노승이 "세존불께서 돌배를 만들어 여기를 뚫고 나가서 곧장 바다의 섬에 이르렀습니다"라고 하니, 그 말이 극히 황탄하였고, 한 섬을 가리키는데 또한 뚫린 구멍이 있어 이곳과 서로 마주하였는데 세존도世尊島라고 불렀다. 대개 홍문은 금강산에서 보지 못한 바라 나도 모르게 장하다고 외쳤다. 저물녘에 보리암으로 돌아왔다.

진사 하석문(河錫文94))과 그 일가 궁원(亘源)을 우연히 만나 촛불의 심지를 잘라가며 산중의 경치를 얘기하는데 순화(舜華)가 밖에서 들어와 이 앞에 장관이 보인다고 떠들어서 바로 문루를 나섰더니 포구에는 고기잡이배가 불빛을 밝혀 하늘과 바다를 두루 비추는 광경이 마치 뭇 별이 아름다운 빛을 다투듯이 눈길을 빼앗으니 기뻐서 잠자는 것도 잊어버렸다.

새벽에 일출을 기다렸다. 구름이 찬란히 빛나서 거의 동해에서 본 것과 같았으나, 붉은 바퀴가 떠오를 때에 해저에서 기운이 따라 오르는 것이 꼭 푸른 노송이나 수양버들이 숲을 이루어 에워싼 듯했다. 금방 또 커다란 박 모양으로 변해 붉고 푸른 것들이 무수하게 날아오르다가 해가 공중으로 떠오르자 흩어져 사라졌다. 파도가 형태를 바꾸는 것이 날마다 다름을 더욱 느꼈다.

노인성(老人星95))이 또 여기에서 보인다는데 추분 후에 와서 볼 수가 없어 한스러웠다. 듣기에 이 별은 낮에 나왔다가 낮에 지며 춘분과 추분에 이르러 잠깐 볼 수 있는데, 대개 춘분 저녁 정방(丁方96))에서 지고, 추분 새벽 병방(丙方97))에서 나오니 남쪽 하늘이 끝나는 곳이 아니면 바라볼 수가 없다.

가사굴(袈裟窟)을 보려고 절을 나와 남쪽으로 벼랑의 비탈길을 내려갔는데, 대나무로 덮여 길을 찾을 수가 없어서 몇 리를 기어갔다. 깎아지른 절벽이 늘어섰는데 가운데가 파여 굴이 되었고, 바닥에는 맑은 샘이 흘러 극히 그윽한 곳을 보았는데, 사람들의 발길이 드물다고 하였다. 왼쪽으로 수십 걸음 올라가니 우리 태조께서 기도한 곳이 또한 암벽 아래에 있었는데 돌로 만든 절구와 공이가 그대로 남아 있었다.

다시 꺾어 서쪽으로 향하니 옆에 묘암(猫巖)과 서암(鼠巖)이 있었고, 구불구불 위

---

94) 하석문(河錫文, 1801~?): 1870년에 70세로 진사가 되었다는 기록이 있다.
95) 노인성(老人星): 남극성의 다른 이름이다.
96) 정방(丁方): 24방위의 하나로 정남에서 서쪽으로 15도의 방위를 중심으로 한 각도의 안이다.
97) 병방(丙方): 24방위의 하나로 정남에서 동쪽으로 15도의 방위를 중심으로 한 각도의 안이다.

로 올라 연대烟臺에 이르렀다. 바다가 탁 트여 하늘과 땅이 서로 섞여서 황홀하기가 마치 시공간을 벗어나 무한한 우주를 내려다보는 듯하니, 천상의 신선도 손을 들어 부를 수 있을 것 같았다. 만약 청명한 날씨를 만나면 한라산과 대마도가 까마귀 머리처럼 눈에 들어올 텐데, 때마침 구름에 덮여서 다 볼 수가 없었고, 단지 원근의 여러 산과 크고 작은 섬들이 은은히 손을 모으고 있을 뿐이었다. 바위 벼랑에는 '홍문을 거쳐 금산에 오르다由虹門上錦山'라고 새겨져 있고, 옆에는 가정嘉靖 모년 한림학사 주세붕周世鵬이라고 쓰여 있었다. 돌아서 1, 2리를 내려오니 오른쪽에 와암蛙巖이 보였다. 숲 속으로 깊숙이 들어서니 노란 잎이 어지러이 떨어져 소슬한 느낌이 들었는데, 이 산에서 가장 단풍 경치가 좋은 곳이라지만, 아쉽게도 붉은 비단이 가리개처럼 늘어선 장관은 볼 수 없었다.

3, 4리를 가서 미륵암彌勒菴에 이르니 죽림이 깊어 바다가 은은히 보였다. 오른쪽으로 돌아서 가니 덩굴이 나무에 어지러이 얽혀 거의 길이 없었다. 이렇게 몇 리를 지나 부소암扶蘇巖 아래에 이르렀다. 절벽을 따라 올라가니 또 가파른 바위가 있어 나무 사다리로 일 장을 올라갔고, 손으로 바위 꼭대기를 잡고서 또 일 장을 넘게 올라간 후에 한 층을 걸어 올라갔다. 고개를 들어 보니 두 바위가 걸쳐진 사이로 긴 굴을 이루어 겨우 한 사람이 들어갈 만하였다. 마침내 굴 안으로 들어가 양쪽 벽에 발을 붙이고 구멍에서 나오듯 손으로 잡아끌면서 올라갔다.

또 수십 걸음을 나아가 꼭대기에 이르러 만길 절벽을 굽어보니 대해도 발밑에 있어서 가슴이 탁 트여 호탕하게 뱃전을 두드리며 봉래로 가고 싶은 생각이 들었다. 한참 앉았다가 굴속으로 내려왔다. 또 몸을 돌려 팔십여 보를 걸어가니 막다른 곳이었는데, 뒤에 있는 바위가 처마처럼 비스듬히 나와 있었다. 안석대사安石大師의 방유암傍有菴 터[98]이다. 왼쪽 벽 아래에 예전에 잔도가 있어서 산 꼭대기에 오르려면 반드시 이곳을 통해야 하지만 지금은 접근할 수가 없었다.

미륵암으로 돌아오니 어떤 늙은 승려가 "빈도가 이 암자에 산 지 수십 년에 딱 한 번 올라가 보았지요. 잔도가 끊어진 후에는 유람객도 올라가 보지 못하지요. 손님께서는 어떻게 올라가셨는지요?"라고 묻기에 내가 웃으며 답했는데, 다른 사람들은 못 따라온 모양이었다.

조금 쉬다가 4, 5리를 내려오니 바위가 우뚝 서 있고 옆에 돌 하나가 누워 있었는데, '서불徐市[99]이 이곳을 지나다徐市過此'라고 고전古篆[100]으로 새겨놓았다. 또 5, 6리를 가서 두모포豆毛浦에 이르니 길 왼쪽 돌 위에 그림 같기도 하고 글씨 같기도 한 게 새겨져 있어서 동네 사람에게 물어보아도 아는 자가 없었다. 저녁에 성현城峴을 향해 가다가 간송재澗松齋에서 잤는데, 이곳은 하 씨河氏의 서당이다. 주인과 이별하고 돌아와 노량을 건넜고, 다음 달 초사흗날에 집에 이르렀다. 대략 이와 같이 기록해둔다.

원문原文

錦山. 在南海之中. 以小金剛名. 余嘗聞而起興南遊. 渡露梁. 有阜臨江斗斷. 上有忠武李公廟. 廢爲蕪草. 但見一碑獨立於荒凉之中. 摩挲感慨. 不能便去. 文是文正公所作. 而春翁書之也. 左數步許. 又有金自菴謫廬碑.

---

98) 안석대사의 방유암 터: 원문은 '安石大師 傍有菴址'인데, 무엇을 말하는지 확실치 않다.

99) 서불(徐市): 중국 진(秦)나라 시황(始皇) 때의 방사(方士)로 불로장생약(不老長生藥)을 구하러 삼신산(三神山)에 갔다는 전설이 있다.

100) 고전(古篆): 옛 중국에서 한자를 표기하는 데 쓰던 서체의 하나인 전자(篆字)이다. 자체(字體)가 통일되지 않고 그 모양도 완전히 정제되지 않은 서체로 흔히 대전(大篆)과 소전(小篆)으로 나눈다. 대전은 주나라 말에서 진(秦)나라 때까지 통용되었고 소전은 진시황이 문자를 통일할 때 쓴 서체로 한 대(漢代)까지 썼다. 학자에 따라서는 대전만을 고전에 넣기도 한다.

行十餘里. 得觀音浦. 卽李公殉國之地也. 一名李落. 類同龐統之落鳳坡. 而以洪淵泉曁周文. 豎碑閣之. 拄杖一讀而發. 路皆幷海. 空豁無涯. 有憑虛御風之想.

午到邑底. 四山拱抱. 不見海色. 隱然如峽裏郡樣. 人物明艶. 又不似島中矣. 地多榴橘. 方盛熟. 蒼葉之間. 紅黃交映. 數三村落. 如在畫裏.

歷龍門寺. 抵錦山下. 是山蓋自白雲. 渡海挺出. 磅礴奇麗. 上有古仙遺蹟. 余以飛屧. 飄然而上. 到初臺. 前有人跪坐痕. 又過中臺. 行幾里. 有兩石相顧. 形類獅子. 傍穿小井. 名曰洗眼水.

遵崖行樹木中. 邐迤抵菩提菴. 菴在大藏峯下. 清淨不著一塵. 前臨大洋. 坐門樓. 開窗眺望. 浩無涯畔. 銀濤雪浪. 蕩漾於几席間. 西折而南下數百步. 得九井峯. 三隅皆峻崖巉巉. 後獨小斷連岡. 從以上頂. 則累石窪然如鼎. 左有一巖. 宛如眠僧.

西崖上巖穴. 呀然成龕. 僅容二人. 中有小井. 如器盛水. 深爲數寸. 名甘露水. 超入而援伏瓢飲之. 味甚清冽. 上下四方. 絕無流注之道. 必是石氣凝結者也. 僧言汲不見縮. 盈不見溢. 今吾輩所飲. 可費五六椀. 而亦無見縮. 理誠難測也. 金剛佛地菴. 雖有甘露之名. 而不足與較. 殆天地間. 似不有二矣.

左折而降. 見巖石層築如塔. 高可累十丈. 是爲坐仙臺. 傍又有巖錯列. 遂著足而上踰. 進五六步. 至臺下. 超登絕頂. 穿如坐榻. 可坐一人. 昔元曉成道于此云. 諸峯嶙峋嵯峨. 儼然擁立. 其曰大藏. 曰日月. 曰華巖. 曰香爐者. 一一奇拔峭聳. 如抽玉簪. 如挿芙蓉. 絕無破碎塵土氣. 一山眞面. 到此盡露. 如開別界. 使人心醉. 欲坐十年而學仙. 不可得矣. 日月峯. 有猪頭巖. 底又一巖. 殆若伏龜形.

大抵此山驟睹全體. 似無殊狀異態. 諦視之. 峯嶂巖石. 皆類物形. 彷彿

乎楓岳之萬物肖焉. 下臺東趨. 抵音聲窟. 底置羣石. 以杖撞擊. 壁應出樂
聲. 如鳴鍾鼓. 曾聞八音迭出. 而聽之. 未知其能然. 然奇壯則極矣. 左壁
上. 又有窟. 蜿然長通. 不可測其深. 所謂龍窟者也.

轉右上七八步. 爲虹門. 大巖中空谽谺. 上有小穴. 僅下一人. 自穴中屈折而
降. 則雙通如閫. 廣可出數三十人. 老僧言. 世尊佛築石舟. 穿此而出. 直
抵海島. 說極荒誕. 而指示一島. 亦有穿穴. 與此相對. 稱世尊島. 蓋虹
門. 在金剛所不見. 余不覺叫壯. 薄暮還菩提菴.

河進士錫文. 與其族亘源. 邂逅相遇. 剪燭談山中景致. 舜華自外入. 盛言
前有大觀. 乃亟出門樓. 浦燈漁火. 散照海天. 勢如衆星爭光麗. 奪人目睛.
欣然忘睡矣.

曉候日出. 雲物光彩. 略同東海所觀. 而紅輪浮上時. 海底有氣隨騰. 宛如
蒼檜垂楊. 成林環擁. 俄又變爲大匏樣. 或靑或赤. 無數飛上. 日光騰空.
然後乃消散. 益覺波濤變態. 日日不同也.

老人星. 亦觀於此地. 而來在秋分後. 不得觀. 是可恨也. 余聞此星晝出晝
沒. 至春秋分. 暫可得見. 蓋春分夕沒於丁. 秋分曉出於丙. 而非南天窮處.
則不可望矣.

欲觀袈裟窟. 出寺南下崖嶝. 叢竹被之. 莫可取路. 蛇行里許. 見峭壁削
列. 中嵌爲窟. 底流淸泉. 境極幽絶. 人跡罕到云. 左趾上數十步. 得我太
祖祈禱之地. 亦在巖壁下. 石臼石杵. 尙存焉.

復折而西. 傍有猫巖鼠巖. 逶迤向上. 乃抵烟臺. 海色莽闊. 上下相涵. 恍
惚若出宇宙而凌汗漫. 天路眞人. 可擧手而招也. 若遇淸明之日. 漢挐山,
對馬島. 如烏頭入望. 而適蒙雲氣. 不得竟目力. 但見遠近諸山. 大小羣島.
隱約拱揖而已. 巖崖刻由虹門. 上錦山. 傍識嘉靖某歲翰林學士周世鵬書.
轉下一二里. 右見蛙巖. 窈然入林藪之中. 黃葉亂下. 意想蕭瑟. 此山最稱楓

景. 而惜不見紅錦步障之盛也.

凡行三四里. 到彌勒菴. 竹林幽邃. 海色隱見. 轉右而行. 藤葛交縈林木. 幾不通逕. 如是度幾里. 至扶蘇巖下. 緣壁而上. 又有峭巖. 以木階登一丈. 手攀巖頂. 超又一丈餘. 然後步上一層. 仰見兩巖亘臥間成長窟. 僅容一人之身. 遂入窟中. 著足於兩壁. 援引而上. 如自穴中出.

又進數十步. 乃抵巓俯臨. 萬仞絶壑. 大海亦在履底. 胸次灑落. 浩然有鼓枻蓬萊之思. 久坐而下窟中. 又轉身八十餘步. 到窮處. 後巖斜出. 如屋簷下. 安石大師. 傍有菴址. 左壁下. 舊有棧道. 凡登頂必由此. 而今不可接矣. 還彌勒. 有老釋問. 貧道居此菴數十年. 纔一上見. 自絶棧道. 遊賞之人. 亦未見登. 客從何得上也. 余笑而答之. 蓋諸客不能從矣.

小憩. 下四五里. 有巖陡立. 傍臥一石. 面刻徐市過此. 乃古篆也. 又行五六里. 到豆毛浦. 路左石上. 有刻如圖書樣. 詢之居人. 莫有知者. 夕向城峴. 宿澗松齋. 是河氏書堂也. 別主人. 還渡露梁. 翌月哉生明. 到家. 略記如此.

출전: 宋秉璿, 『淵齋集』 「錦山記」

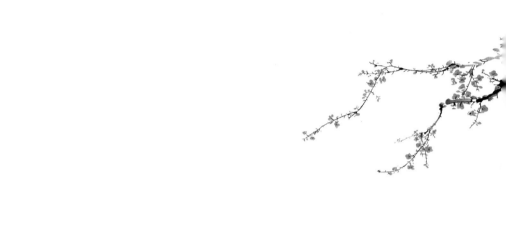

15

화왕유산록

火旺遊山錄

양이정楊以貞

양이정(楊以貞, 1597~1650): 양이정은 양훤(楊喧)의 자이다. 호는 어촌(漁村), 본관은 밀양(密陽)이다. 동계(桐溪) 정온(鄭蘊)의 문하에서 공부하였고 과거로 진사가 되었으나, 광해군 때 스승이 죄를 얻게 되자 낙향하여 낙동강 가에서 오여정을 짓고 유학자들과 교유하고 음풍농월하며 지냈다. 사림에서 광산서원(光山書院)을 세우고 배향하였다.

해제解題

「화왕유산록火旺遊山錄」은 경진년1640, 인조 18 늦여름에 양이정楊以貞이 안익중의 발의로 강자술 등 6명과 화왕산을 유람하고 기록한 것이다. 유람한 날의 날씨와 화왕산의 산수의 아름다움을 먼저 서술하고 계곡의 맑은 물을 손으로 움켜 마시며 세속의 먼지를 씻는 감회를 기록하였으며, 함께 동행 한 안익중의 조부의 정자와 한강 정 선생을 모신 사당, 망우당 곽재우가 임진난 때에 전투한 산성 등에서는 역사적인 사실과 선생의 덕을 간략히 기술하고, 여러 사찰과 암자는 거리와 형세도 기술하였으며, 여행이 자신의 덕을 닦고 양기를 기르며 호연지기를 기르는 데 도움이 되는 이유를 산에 비유하여 서술하고 사찰의 승려가 글을 부탁하여 유록을 기록한다는 이유를 밝혔다.

국역國譯

숭정崇禎 경진년1640, 인조 18 늦여름에 무더위에 시달리고 정신도 시들해져 유람하여 회포를 풀려 했으나 그럴 수 없어 막 초조해지려는 참이었다. 오동나무 그늘 아래에 누워있자니 홀연히 한 사내가 지팡이 짚고 표연히 찾아왔는데, 바로 안익중安翼仲 군이었다.

익중은 나의 오랜 벗인데 나에게 인사하며, "자네는 산수의 승경을 아니, 그 즐거움도 알겠지? 산수의 승경은 산수에 달렸으나, 산수를 즐기는 것은 나에게 달렸으니, 나에게 달린 즐거움은 밖에서부터 구할 필요가 없음을 나는 아네. 그러니 산수의 승경은 모두 한적한 들이나 적막한 물가에 있어야 하는 것도 아니고, 비록 고을이나 시가지 곁이라도 찬찬히 걸으며 두루 살피는 속에 진실로 없지는 않지만, 다만 사람들이 스스로 살펴지 않을 뿐이라네. 화왕산은 땅에서 천 길이나 솟아 푸른 하늘을 떠받치며 수백 리에 걸쳐 서리고 얽히어 창녕현 북쪽에 있으면서 현의 진산鎭山이 되는데, 서로 가깝고도 알기 쉬운 것은 화왕산만 한 것이 없다네. 그 속에 있는 수석의 맑고 기이함과 봉우리의 장엄함, 사찰의 화려함은 영남의 제일인데도, 이 산 아래에 살면서 산이 있다는 것을 알지 못한 것이 오래되었으니, 우리가 부끄러워해야 할 것이 이미 많지 않은가? 이제 가서 한 번 살펴봄으로써 내 근심을 잊으려고 하는데 나를 따를 자는 자네겠지?"라고 하여, 내가 "그렇지!"라고 하고, 보름 전날 저녁에 행단杏壇에서 만나서 입산을 의논하자고 하였다.

사흘이 지나서 강자술姜子述이 또 왔기에, 내가 덥석 손을 잡고 익중이 나에게 말한 것을 그대로 그에게 말해주니, 자술도 거의 속세의 인물이 아닌 듯 펄쩍펄쩍 뛰며 좋아하였다. 기일이 되어 내가 술통을 지고 말을 달려 이덕구李德耈에게 들렀는데 덕구는 일 때문에 함께 할 수 없었다. 마침내 행단에 가니, 자술은 이미 와 있다가 두건을 젖히고 웃으며 맞이하면서 "어찌 늦었는가?"라고 하였다. 조금 이따가 안익중이 동자 강운해姜雲海를 데리고 왔고, 성탁이成卓爾와 성자이成自邇[101], 그리고 성정보成徵甫 등도 모두 이르렀는데, 비슷한 사람끼리 서로 어울리며[102] 차례차례 왔다.

이즈음 맑은 바람은 천천히 불어오고 밝은 달은 하늘에 있으며, 뼈는 서늘하고 혼은 맑으니 세속의 잡념이 사라졌다. 좋은 밤에 느끼는 경치의 아름다움과 벗끼리 함께하는 즐거움이 둘 다 지극하다고 할 만했다. 소매를 나란히

---

101) 성자이(成自邇, 1601~1680): 자이(自邇)는 성창원(成昌遠)의 자이다. 호는 불온당(不慍堂), 본관은 창녕이다. 한강(寒岡) 정구(鄭逑)의 문인으로서 창녕현 서쪽 송림산(松林山) 아래에 불온당(不慍堂)이란 정사를 지어 성리학을 탐구하고 후진을 양성하였다.

102) 비슷한 …… 어울리며[同聲相應]: 동류(同類)끼리 서로 기맥이 통하여 자연히 의기투합하는 것을 비유한 말이다. 『주역(周易)』 「건괘(乾卦) 문언(文言)」에 "같은 소리끼리는 서로 응하고, 같은 기운끼리는 서로 찾게 마련이니, …… 이는 각자 자기와 비슷한 것끼리 어울리기 때문이다[同聲相應 同氣相求 …… 則各從其類也]"라는 말이 나온다. 여기서는 같은 성씨에 같은 성격이라는, 중의적인 뜻도 있다.

하여 거닐며 간간이 농담이나 하면서 인간사는 말하지 않다가, 오경에 되어서야 서로 창문 사이에 나란히 누웠는데, 맑은 꿈을 처음 깨어보니 동방이 이미 밝아져 왔다. 높은 누각을 거닐면서 심정을 읊기가 막 괴로워질 즈음에, 홀연히 흰 구름 한 줄기가 산꼭대기에 가로 걸려 바라보며 즐길 만했는데, 천천히 거닐며 손가락으로 가리키는 사이에 마음이 더욱 맑아져 거기에 푹 빠져버렸다.

짚신에 베버선을 신고 지팡이 짚고 가면서 나무를 만나면 쉬고, 바위를 만나면 앉으니, 가는데 거리낌 없고 멈추는데 구애되지 않았으며, 맑은 물을 떠서 갓끈을 씻고 찬 샘물을 움켜 마음을 씻어내기도 하면서, 앞서거니 뒤서거니 나이와 몸을 잊은 채로, 승경의 기이함을 샅샅이 찾아내고 고개 들어 멀리 보기도 하는 중에, 맑고 찬 물은 눈과 서로 꾀하고, 졸졸 물소리는 귀와 서로 꾀하며, 유연히 비어 있는 것은 정신과 서로 꾀하고, 깊숙이 고요한 것은 마음과 서로 꾀하며[103], 다투어 내려와 재주를 보여주었다.[104]

좌우에서 손을 잡아 이끌어 주면서 가자니 마음이 급해도 지름길로 빨리 갈 수는 없었다. 해가 이미 중천일 때 겨우 외현外峴에 도착할 수 있었는데, 외현은 바로 비슬산琵瑟山이었다. 남쪽으로 몇 리 떨어진 곳에 작은 암자 터가 있으니, 곧 옛날에 은신암隱神菴이라 부르던, 우리 집안의 원찰願剎[105]이었다. 올라가서 보고 싶었으나 허물어진 지 오래되어 풀이 막고 있을 뿐만 아니라 길도 분별할 수 없고, 해마저 기울어 그럴 겨를이 없었다.

---

103) 맑고 찬 …… 서로 꾀하며[淸冷之狀與目謀 瀯瀯之聲與耳謀 悠然而虛者與神謀 淵然而靜者與心謀]: 어떤 모양이 보기에 좋을지 산이 사람과 상의하여 자기를 꾸미려 하는 것 같다는 말이다. 유종원(柳宗元)의 『유하동집(柳河東集)』 권29 「고무담서소구기(鈷鉧潭西小丘記)」에 나오는 말이다.

104) 재주를 보여주었다[獻技]: 유종원(柳宗元)의 「고무담서소구기(鈷鉧潭西小丘記)」에 "그 안에서 바라다보면, 산이 높이 솟고 구름이 떠 있으며 시내가 흐르고 새와 짐승들이 한가히 노난다. 이들 모두가 즐겁고 기쁜 낯빛으로 기교를 부려 에워싸고 재주를 보여 주며 이 언덕 아래에 공을 바친다[由其中以望 則山之高 雲之浮 溪之流 鳥獸之遨遊 擧熙熙然回巧獻技 以效玆丘之下]"라는 말이 나온다. 여기에서 회교는 산이 둘러싸고 구름과 시내가 휘감은 것을 말하고, 헌기는 각종 조수(鳥獸)들이 제각기 장기를 보여 준다는 말이다.

105) 원찰(願剎): 예전에, 창건주(創建主)가 자신의 소원을 빌거나 죽은 사람의 명복을 빌기 위하여 특별히 건립하는 절이다.

이 때문에 길을 돌아서 고개를 경유하여 동쪽으로 6, 7리를 가니, 졸졸거리는 물소리가 아스라이 들리는데 옥구슬이 부딪히는 소리 같아서 마음이 즐거웠다. 걸음을 재촉해 달려가니 과연 다리가 나왔는데, 길이는 수십 길이요 높이는 몇 길이 되었다. 계곡의 가운데에 가로놓인 것이 은근히 무지개가 은하수에 걸린 듯하여 자못 천태산天台山 돌다리[106]와 자웅을 겨룰 만하였다. 다리 아래에는 또한 큰 돌이 많았는데, 구름이 달리는 듯, 바둑돌이 놓인 듯, 범이 포효하는 듯, 새가 활개 치는 듯했다. 코와 입을 서로 벌린 듯하고, 발과 다리가 엇갈려 맞서는 듯해서 으르렁대며 싸우고 치고 깨무는 것 같았다.[107] 물에는 피라미 백여 마리가 있었는데, 모두 공중에 떠 있는 듯이 헤엄치고 놀며 경쾌하게 오가니, 한가로우면서도 힘찬 모습이 마치 유람객과 함께 기뻐하는 듯하였다.[108]

또한 다리에서 내려가 시내를 따라 수백 보를 가니 바위 하나가 냇가에 높이 솟아 있었는데, 반듯하고 장엄하며 기상이 단정하고 장중하여 마치 인자仁者나 군자 같았으니, 곧 진사 안여경安餘慶[109]의 정자 터였다. 안 진사는 익중의 돌아가신 할아버지이니, 나는 이 분이 아니었으면 이 땅을 만날 수 없었음

---

106) 천태산(天台山) 돌다리: 중국 절강성(浙江省) 천태산에 있는 돌다리로 용형귀배(龍形龜背)의 모습이며, 이끼가 끼어 미끄럽기 때문에 예로부터 건너갈 수 없는 곳으로 전해져 왔다. 『법원주림(法苑珠琳)』 이백(李白)의 시에 "돌다리 만약에 건너갈 수 있거든, 손잡고 구름과 안개 맘껏 희롱해 보시라[石橋如可度 携手弄雲煙]"라는 표현이 있다(『이태백전(李太白集)』 권15 「송양산인귀천태(送楊山人歸天台)」).

107) 큰……같았다: 이 부분은 유종원의 「영주최중승만석정기(永州崔中丞萬石亭記)」에서 차용한 듯한데, 유종원은 "皆大石林立 渙若奔雲 錯若置棋 怒若虎鬥 企若鳥屬 抉其穴則鼻口相呀 搜其根則蹄股交峙 環行卒愕 疑若搏噬"라고 썼다.

108) 물에는 …… 듯하였다: 유종원의 『유하동전집(柳河東全集)』 권29 「지소구서소석담기(至小丘西小石潭記)」에는 "연못에 고기가 100여 마리 있는데 마치 허공에 노닐며 어디에도 의지하지 않는 것처럼 보였다. 햇빛이 바닥까지 투명하게 비쳐 고기의 그림자가 바닥에 드리워졌다. 고기들은 잠잠히 움직이지 않다가 갑자기 멀리로 달아나며, 경쾌하게 오고 가는 것이 마치 여행자와 함께 기뻐하는 듯하다[潭中魚可百許頭, 皆若空游無所依. 日光下澈, 影布石上. 怡然不動, 俶爾遠逝, 往來翕忽, 似與游者相樂]"라고 되어 있다.

109) 안여경(安餘慶, 1538~1592): 자는 선계(善繼), 호는 옥천(玉川), 본관은 광주(廣州)이다. 1570년(선조 3) 사마시에 합격하였으나 벼슬을 단념하고 고향에 돌아와서 은거하였다. 1580년에 정구(鄭逑)가 창녕군수가 되어 여덟 채의 서당을 세웠는데, 그 첫째인 물계서당(勿溪書堂)의 강장(講長)을 안여경으로 삼았다. 창녕의 관산사원(冠山書院) 별사(別祠)에 제향되었다. 저서는 『옥천유고(玉川遺稿)』가 있다.

을 알았다. 또 정자에서 내려와 시내를 따라 몇 리쯤 가니 누다리[板橋]라고 불리는 땅이 있었는데, 옛일을 잘 아는 늙은이가 "고려 말에 요승 편조遍照, 신돈가 옥천사玉泉寺110)를 원찰願刹로 삼아 이 산을 하나로 묶어 누각을 세우고, 골짜기 입구와 물 위에도 누다리를 만들었으므로 지금까지 옛 이름을 그대로 쓴다"라고 하였다. 긴 다리 안쪽은 바로 영당사影堂寺였는데, 이곳은 일찍이 한강寒岡111) 정 선생의 영정을 모신 생사당生祠堂112)이었으므로 불교신도가 그 터에 절을 짓고 그 이름을 그대로 가져다 쓴 것이었다.

또 촌락과 객줏집이 산모퉁이에 점점이 있는 것이 서너 군데쯤 되었는데, 구름 속에서 닭이 울고 개가 짖으며, 솔 아래 집과 창문이 있어113) 바라보면 마치 그림 속에 있는 듯하니, 무릉도원이 날아와서 이곳에 떨어졌는데도 하늘이 감추고 땅이 숨겨서 사람이 알지 못한 것이 아니었겠는가? 절 뒤 조금 서쪽으로 십여 보를 올라가니 용추龍湫가 있었는데, 용추의 물은 북쪽 산의 긴 산골짜기에서 발원하여 콸콸 대며 구불구불 내려오면서 골짜기를 울리고 바위에 물을 뿌리며, 물방울을 튀기고 구슬을 날리며 쏟아져서 폭포가 되었다가 물이 빙 돌며 돌 웅덩이가 된 것이었다.

---

110) 옥천사(玉泉寺): 경남 창녕군 화왕산에 있었던 절이다. 창건연대는 미상이나, 고려 신돈의 어머니가 이 절의 여종이었다고 한다. 신돈이 죽자 이 절은 폐쇄되었으며, 뒤에 다시 고쳐 지으려다가 완성되기도 전에 다시 신돈의 일로 반대가 생겼기 때문에 헐어버렸다. 그 뒤 이후기(李侯基)가 창녕을 다스린 지 1년 만에 관리들과 백성들이 옥천사가 철거된 것을 애석히 여기므로 새 당우를 객사의 동쪽에 건립하였다 하나, 현재 그 유지조차 확실하지 않다.

111) 한강(寒岡): 정구(鄭逑)의 호이다. 자는 도가(道可), 본관은 청주, 성주 출신이다. 김굉필(金宏弼)의 외증손이다. 7세 때 대학과 논어를 배워 통하였고, 12세에 주역 등을 배웠다. 조식·이황에게서 성리학을 배웠다. 경학을 비롯하여 산수(算數)·의약·역사·천문·풍수·병진(兵陣) 등에 두루 통달하였으며, 특히 예학에 뛰어나 이에 관한 많은 저술을 남겼다. 벼슬에 뜻이 없었으나 1580년에야 선조의 명으로 비로소 창녕 현감(昌寧縣監)에 부임하여 선정을 베풀었다. 인조반정 이후 이조판서에 추증(追贈)되었고, 성주의 회연서원(檜淵書院), 충주의 운곡서원(雲谷書院) 등에 제향이 되었다. 저서에는 『오선생예설분류(五先生禮說分類)』, 그리고 문집인 『한강집(寒岡集)』 등이 있다.

112) 생사당(生祠堂): 선정(善政)을 했거나 공이 있는 사람을 높이 사모하여 생존 시에 받들어 제사지내는 생사당(生祠堂)을 말한다.

113) 구름 속에 …… 창문이 있어: 왕유(王維)의 「도원행(桃源行)」에서는 "밝은 달빛 소나무 아래 집과 창문 고요하고, 구름 속에 해 뜨니 닭과 개소리 시끄럽네[明月松下房櫳靜 日出雲中鷄犬喧]"라고 했다.

웅덩이 아래에 있는 반석은 바둑판처럼 평평하여서 수십 명이 앉을 만했다. 그 옆면은 비탈지고 가파르며 용의 허리인 듯 구불구불했는데, 웅덩이 물이 반석의 절반을 가르면서 날며 울며 흘러넘쳐 지나가는 것이 거의 열 걸음 정도였다. 그 물길의 폭이 거의 나뭇단만 하고 그 바위틈의 깊이와 너비도 나뭇단이 들어갈 만한 정도였다. 어느 때 어떤 신령이 도끼로 치고 다듬었는지는 몰라도, 지금까지도 갈고 깎은 흔적이 또렷함을 볼 수 있었다. 아니면 태고에 늙은 용이 신묘하게 구불거리며 뛰어올라 천둥 번개를 일으켜 언덕과 골짜기를 삼켜 버리고 변화를 부려 하늘로 올라갔지만[14], 아직까지도 기이한 종적과 모습을 남겨두고 후인에게 아름다운 이야기를 지어 전해주어서 용추가 그 때문에 이름을 얻었을 것이다. 큰 절을 관룡觀龍[115]이라 이름 지은 것도 이 때문이리라. 또 용추에서 올라가 물길을 거슬러 수백 여 보를 가니 험준한 고개 하나가 이어지며 북쪽으로 달리는데, 삼지三池와 구정九井[116]이 남아 있으니, 이곳은 지리지에 실려 있다.

화왕산성[117]은 임진왜란 때 곽망우郭忘憂[118]가 삼군을 거느리고 막으려고 대

---

114) 늙은 용이 …… 하늘로 올라갔지만: 한유(韓愈)의 「잡설(雜說)」에, "용이 기를 불어서 구름을 이루나니, 구름은 진실로 용만큼 신령하지 못하다. 그러나 용이 이 기를 타고 아득히 하늘 끝까지 올라가, 일월에 가까이 가서 광휘를 덮어 버리고, 천둥 번개를 일으켜 신묘한 변화를 부리며, 하토에 물을 쏟아내려 능곡을 삼켜 버리게 하니, 구름 또한 영괴한 것이로다[龍噓氣成雲 雲固弗靈於龍也 然龍乘是氣 茫洋窮乎玄間 薄日月 伏光景 感震電 神變化 水下土 汨陵谷 雲亦靈怪矣哉]"라고 했다.

115) 관룡사(觀龍寺): 창녕군 창녕읍 옥천리(玉泉里) 관룡산 남서쪽 화왕산(火旺山)에 있는 절이다. 신라 8대 사찰의 하나로, 394년(내물왕 39)에 창건되었다고 하나 확실하지는 않다. 원효가 중국 승려 1,000명에게 『화엄경(華嚴經)』을 설법하여 대도량(大道場)을 이루었다. 조선시대에 들어 1401년(태종 1) 대웅전을 중건하였으나 임진왜란 때 대부분 당우(堂宇)가 소실되어, 1617년(광해군 9)에 영운(靈雲)이 재건하고, 1749년(영조 25)에 보수하였다.

116) 삼지(三池)와 구정(九井): 전설에 의하면 원효가 제자 송파(松坡)와 함께 이곳에서 백일기도를 드리는데, 갑자기 오색채운이 영롱한 하늘을 향해서 화왕산(火旺山) 마루의 월영삼지(月影三池)로부터 아홉 마리의 용이 등천하는 것을 보고 절 이름을 관룡사라 하고, 산 이름을 구룡산이라 하였다고 한다. 또한 창녕 조씨(昌寧曺氏)의 시조 조계룡(曺繼龍)의 득성 설화가 전해지는 곳이다.

117) 화왕산성: 경상남도 창녕군 창녕읍 옥천리에 있는 삼국시대의 산성이다. 둘레 약 2,700m로 사적 제64호이다. 임진왜란 때는 의병장 곽재우가 이 성을 본거지로 하여 전공을 세웠으며, 현재는 동문, 서문, 연못 등이 남아 있다.

118) 곽망우(郭忘憂): 망우는 곽재우(郭再祐, 1552~1617)의 호이다. 자는 계수(季綬), 호는 망우당(忘憂堂), 본관은

비한 곳이다. 그 북쪽 모퉁이는 화왕산의 가장 높은 낭떠러지로 벽처럼 서서 뚝 끊어졌는데, 하늘과 더불어 웅장함을 다툰다. 내가 바라보니, 비단 아낄 만 할 뿐만 아니라 또한 느끼는 바가 있었고, 비단 느낄 만할 뿐만 아니라 또한 경 외할 바가 있었다. 게다가 아득한 옛적에 창산昌山 조씨曹氏가 실제 이 못에서 신격화되었으니[119], 그 영험하고 신이한 곳을 볼 수 있었던 것은 생각건대 호흡 하는 기운이 위로 천제와 통한 것이리라.

용추에서 동쪽으로 시내를 따라 10리 넘게 올라가니 큰 절을 만나게 되었는 데, 이곳이 관룡사觀龍寺였다. 이곳에 이르니 땅은 더욱 열리고 산은 더욱 밝아 지며, 용이 돌고 범이 품어서, 형세가 더욱 넓어지며 별유천지가 되었다. 홀연 히 소매를 떨치고 용선대龍船臺에 올라 지팡이에 기대어 두루 살펴보니, 두 봉 우리 사이에 붉은 용마루와 푸른 기와가 마주 보이는데, 우뚝 솟아 찬란하게 빛나는 것이 법당이고 뜰을 좌우로 나누어 새가 날개를 펼쳐 날듯이 지어놓 은 것이 승당僧堂이었다.

또한 서편에 약사전藥師殿 한 칸이 있었는데 주춧돌과 문미에 진晋나라 영화 永和, 345~360 연간에 세웠다고 하니, 약사전이 이 절에서 가장 오래된 고적이고

현풍(玄風)이다. 1585년(선조 18) 별시(別試) 문과에 급제하였으나 답안지에 왕의 뜻에 거슬린 글귀가 있었기 때문에 파방(罷榜)되었다. 임진왜란이 일어나자 의령에서 의병을 일으켰다. 홍의(紅衣)를 입고 선두에서 많은 왜적을 무찔렀으므로 '홍의장군'이라고도 불렸다. 1597년(선조 30) 정유재란 때 경상좌도방어사(慶尙左道防禦 使)로 임명되어 다시 벼슬길에 나아가 화왕산성(火旺山城)을 수비하면서 왜장 가토(加藤淸正)군을 맞아 싸 웠다. 1709년(숙종 35) 병조판서겸 지의금부사에 추증되었으며 시호는 충익(忠翼)이다. 저서로는 『망우당집(忘 憂堂集)』이 있다. 그의 사우(祠宇)에는 예연서원(禮淵書院)이라는 사액이 내려졌다.

119) 창산(昌山) …… 신격화되었으니 『창녕현읍지(昌寧縣邑誌)』에 "신라의 한림(翰林) 벼슬을 하던 이광옥(李光 玉)에게 예향(禮香)이란 딸이 있었다. 그녀가 뱃병을 앓았는데 만 가지 약이 소용없었다. 어떤 사람이 이르길 '화왕산의 못이 영험하니 만약 거기서 재계하고 기도하면 효험을 보리라' 했다. 그 말대로 기도를 하는데 문득 구름과 안개가 앞을 가려 예향이 간 곳을 알 수 없더니, 이윽고 구름이 걷히고 안개가 풀리며 못 속에서 솟아 올랐다. 뒷날 병은 나았고 수태까지 하여 아들을 낳았는데 겨드랑이 밑에 '曹'라는 글자가 있었다. 어느 날 밤 한 사나이가 나타나 '그대는 이 아이의 아비를 알겠는가? 옥영(玉瑛)이 그 이름이요 내가 바로 그 사람이다'라 고 말했다. 무릇 옥영은 신룡(神龍)의 아들이다. 광옥이 이런 연유를 임금께 아뢰니 예향의 아들에게 '조' 씨 성을 하사했다. 용과 예향 사이의 아들 계룡(繼龍)은 나중에 자라서 진평왕의 사위가 되었으며 창성군(昌城 君)에 봉해졌다"라고 기록되어 있다.

기이한 볼거리였는데, 서까래와 단청은 대대로 새로 했을 것이다. 또한 높은 누각 한 채가 있었는데, 만월대滿月臺 남쪽을 가로질러 마룻대와 추녀는 하늘 높이 솟아 새가 날개를 편 듯하고[120], 따뜻한 바람에도 뜨겁지 않아 맑은 기운이 저절로 이르니, 황홀하게 구종감천九嵕甘泉[121] 속에 있는 듯하였다. 게다가 천 섬의 큰 종과 백 길의 높은 난간은 사람의 이목과 정령精靈을 장쾌하게 하지 않는 것이 없었다. 서산의 미륵봉彌勒峯이 높이 하늘에 닿고, 동악의 석룡암石龍巖이 천 길이나 우뚝 솟은 것은 특히 이 누각의 일대장관이다.

이 밖에 방과 정자가 별도로 이름을 가진 것이 빽빽하게 벌집이나 소용돌이처럼 들어차 있었다.[122] 관음전觀音殿 같은 작은 절이나, 극락암極樂菴, 묵룡암黑龍菴, 백운암白雲巖 따위가 바위틈에 숲처럼 서있는 것이 또한 저마다 똑같이 아름다운 모습을 지니고 완상할 만하지 않은 것이 없었는데, 그 초연하고 특출한 모습은 세속과 완전히 떨어진 것이었다.

무릇 높거나 낮거나 험하거나 평탄한 것과 멀거나 가깝거나 가늘거나 굵은 것과 통하거나 막히거나 가리거나 이지러지는 것과 봄에 꽃 피우고 가을에 시드는 것, 아침에 빛나고 저녁에 그늘지는 것, 구름과 안개와 산과 물, 날짐승과 길짐승과 풀과 나무는 즐기고 아낄 만하며, 기이하게 여기고 놀랄 만한 형상이었다. 단 한번 눈길에 이 모든 것을 볼 수 있는 것은 오직 청룡암靑龍菴이 가장 좋으니, 어찌 이 암자가 큰 산의 등마루에 자리 잡고서 허공으로 솟아나 드넓게 멀리 있는 것까지 끌어들여 막히고 걸리는 것이 없는 게 아니겠는가?

다음 날 아침 일찍 떠나려고 잠자리에서 밥을 먹고 승려 한 명을 앞장세워

---

120) 새가 …… 듯하고[鳥革翬飛]: 공중에 우뚝 선 건물의 모양은 마치 새가 깜짝 놀라서 날개를 펴는 듯하고, 화려하게 장식된 추녀는 마치 꿩이 날아오르는 것 같다는 뜻으로, 웅장하고 화려한 건축물을 비유하는 말인데, 『시경(詩經)』 「소아(小雅)」 사간(斯干)에 이 표현이 나온다.

121) 구종감천(九嵕甘泉): 구종산(九嵕山)은 섬서성(陝西省) 예천현(醴泉縣) 동북쪽에 있다. 장형(張衡)이 지은 「서경부(西京賦)」에서 "구종산 감천은 혹독한 추위에 쩍쩍 얼어붙는다[九嵕甘泉 澗陰洹寒]"라고 했다.

122) 벌집과 …… 있었다[蜂房水渦]: 벌의 집과 물의 소용돌이라는 뜻으로, 건물이 꽉 들어차 있는 모양을 형용해 이르는 말이다.

인도하게 하고 우리 여섯 명이 뒤따랐다. 등나무와 칡을 더위잡고 끙끙대며 올라 성진전星辰殿 곁에 이르러 쉬었다. 옷깃을 풀어헤치고 돌 비탈을 타고 올라갔더니 암자만 있었다. 여기서 마루방 창을 열고 눈길 가는 끝까지 바라보니, 자잘한 더러움은 모조리 끊어지고 우주는 드넓어서 사방에 거칠 것이 없었다.

이른바 파슬현[123], 영당사, 안 진사 정자, 요승 편조의 누고, 촌락과 객줏집, 용추와 석홍이 모두 발아래에 있고, 법당과 익실翼室, 좌우에 딸린 방, 약사전과 종각루, 미륵봉과 석룡암, 방과 정자가 빽빽이 늘어선 것과 작은 절들이 숲처럼 늘어선 것들이 모두 안석과 돗자리 사이에 있었다.

뭇 산이 푸르게 솟아오른 것이 마치 용이 나는 듯하고 봉이 춤을 추는 듯하며, 박괘剝卦인 듯하고 구괘姤卦인 듯하며[124], 혹은 일어나고 혹은 엎드리며 숨었다가 나타나며 이어지는 것이나, 골짜기 물이 깨끗하고 더럽지 않은 것이 원류가 다함이 없고, 흘러들어 가며 차고 넘치며, 더디고 급하고 부딪치고 솟아오르며 만고를 거치도록 쉬지 않는 것이나, 송백松柏이 짙푸르도록 울창한 것이 휘휘 늘어지고 우뚝 솟아서 환한 집에 동량이 될 수 있는 것이 모두 본채와 곁채 주위에 있으니, 비유하자면 사람이 마루 위에 있으면서 마루 아래의 사람을 살피니 굽고 곧은 것이 모두 모습을 감출 수 없음과 같은 것이다.

여기에 이르니 보는 것을 키우지 않을 수 없고 처한 것을 높이지 않을 수 없음을 더욱 알겠다. 접때에 촌락과 티끌 속에 있을 때는 보는 것이 개천과 수렁의 물이나 작은 언덕에 불과하고, 처한 곳이 초라한 집이나 쑥대 문에 불과하여, 꽉 막히고 답답한 일에 골몰하느라 정신과 기운이 꺾이고 없어져 거의 감

---

123) 파슬현(琶瑟峴): 파슬현은 비슬현(琵瑟峴)의 오기인 듯하다.

124) 박괘(剝卦)인 듯 구괘(姤卦)인 듯하며: 박괘(剝卦)는 위 한 획만이 이어져 있고 아래 다섯 획은 모두 끊겨 있다. 이것은 산이 박괘처럼 위만 연하여져 있고 아래는 딱 끊긴 것을 말한 것이다. 구괘(姤卦)는 위 5획은 모두 연하였고 아래 한 획만이 끊겨 있다. 이것은 가파른 언덕의 모양이 마치 구괘처럼 아래가 딱 끊긴 것을 말한 것으로 한유(韓愈)의 「남산시(南山詩)」에 "앞에 가로 놓인 것은 박괘(剝卦)와 같기도 하고, 뒤가 끊긴 것은 구괘(姤卦)와 같기도 하다[或前橫若剝 或後斷若姤]"라는 말이 나온다.

당할 수 없었다. 산 아래에 이르러서는 비록 마음에 크게 상쾌할 수는 없었지만, 그래도 큰 나무로 옮기기[125]에는 족하였으니, 집에 있는 것과 견주면 하늘과 땅의 차이일 뿐이 아니었다. 이곳에 이르니 보는 바가 더욱 넓어지고 처한 바가 더욱 높아서 가슴속이 탁 펴지니 찌꺼기가 깨끗해지고 마음이 맑고 밝아지며 만물이 모두 갖추어져서 또 산 아래에서 얻는 것과 견주니 또한 하늘과 땅의 차이일 뿐이 아니었다.

가령 노부가 이곳으로 떠나지 않고 전원에 펴져 눕거나 고루하게 날만 보낼 계획이었다면 산 아래에서 얻은 것을 어찌 바랄 수 있었겠는가? 겨우 산 아래에 이르고서도 여기에까지 미치지 못하였다면, 이러한 경지를 또한 어찌 바랄 수 있었겠는가? 백 년 동안 벌어지는 일 속에 어떤 사업이 마음을 통쾌하게 할 것이 있어서 평생의 부채를 갚을 수 있겠는가? 그러나 다행 중에 또한 불행한 것이 있는 것은 무엇인가? 맹자가 "바다를 보는 사람은 물 이야기하기를 어려워하고, 성인의 문에 노는 사람은 말하기를 어려워한다"[126]라고 하셨으니, 이것은 무릇 일은 반드시 그 큼을 다해야 하고, 작음을 편안히 여겨서는 안 된다는 것을 말한 것이다.

오늘 산수를 구경함에 이미 큼을 다했으면, 이 밖의 산수는 우리에게 달렸으니 산수에 대해 말하기 어려움이 있으면 이것은 다행이다. 하지만 오직 한스러운 것은 세상에 태어난 것이 이미 늦은 데다가 배움도 지리멸렬하여 성인의

---

125) 큰 나무로 옮기기[喬木之遷]: 『시경(詩經)』 「소아(小雅)」 벌목(伐木)에 "나무 찍어 쩡쩡/새가 울어 앵앵/깊숙한 골짜기에서 나와/높은 나무로 옮겨간다[伐木 丁丁/烏鳴嚶嚶/出自幽谷/遷于喬木]"와 『맹자(孟子)』 「등문공(滕文公) 상(上)」에 "나는 어두운 골짜기에서 나와 교목으로 옮겨 감은 들었으나 교목에서 내려와 어두운 골짜기로 들어감은 듣지 못했다[吾聞出於幽谷 遷于喬木者 未聞下喬木而 入於幽谷者]"라는 구절이 나온다.

126) 맹자가 …… 어려워한다: 맹자는 「진심(盡心) 상(上)」에서 "공자께서 동산에 올라가서는 노나라를 작다고 여기셨고, 태산에 올라가서는 천하를 작다고 여기셨다. 그러므로 바다를 보는 사람은 물이야기하기를 어려워하고, 성인의 문에 노는 사람은 말하기를 어려워한다[孔子登東山而小魯 登太山而小天下 故觀於海者難爲水 遊於聖人之門者難爲言]"라고 하였다.

문하에서 배우고, 고인을 곁에서 모시는[127] 즈음에 보기를 높이하고 걸음을 씩씩하게 하는 태산북두의 땅에 몸을 둘 인연은 없었고, 도리어 소조[128]에서 삶을 구하여 머리를 숙이고 스스로 낮추며 지아비는 밭 갈고 지어미는 베를 짜 가죽과 비단을 공급하기에 겨를 없는 삶을 구하였으니, 이것은 과연 어떠한가? 이것이 과연 어떠한가? 이와 같은데도 뻔뻔한 얼굴로 산수의 사이에서 물을 이야기하고 산을 이야기한 것이 마치 평지에 사는 승려와 같으니, 어찌 우리가 크게 부끄러워할 만한 것이 아니겠는가?

동행한 모두가 나와 동조하는 자이고, 또한 세상을 잊는 데에 과감한 자가 아니니, 서로서로 근심스러운 듯 즐거워하지 않고 줄곧 크게 한숨만 내쉬었다. 그러다가 익중이 데리고 온 동자 강운해로 하여금 고종봉사高宗封事[129]와 출사표出師表[130] 두 편을 암송하게 했는데 어느덧 해가 저물고 있었다. 게다가 시대를 아파하는 생각이 마음을 어지럽히니, 평온하게 산수의 승경에 대해 이야기를 나누지도 못하고 큰 절의 동상방東上房으로 돌아와 묵었다. 내일이면 저마다 흩어져 떠나는데, 강자술이 먼저 떠나고 안익중·성탁이·성자이 및 동자 강운해가 뒤를 잇고 성정보가 또 따를 것이며 내가 마지막으로 내려갈 것이다. 이윽고 나란히 떠나가는 데에도 앞뒤가 있는 것은 갈 길이 가깝고 먼 것이 있는 까닭이다.

127) 고인을 곁에서 모시는[攝齊]: 섭재(攝齋)와 같은 말로, 공경스럽게 예를 표하기 위하여 당에 오를 적에 옷자락을 가지런히 잡아 살짝 들어 올리는 것을 말한다.

128) 소조(小朝): 광해군의 조정에 대한 멸칭(蔑稱)으로, 분조(分朝) 혹은 혼조(昏朝)라고도 한다. 임진왜란 때에 상황이 위급해서 조정을 나눴는데, 그때에 선조(先祖)가 있던 곳을 대조(大朝)라 하고 광해가 있던 곳을 소조 혹은 분조라고 한 데에서 나온 말이다.

129) 고종봉사(高宗封事): 송(宋)나라 고종(高宗) 때 호전(胡銓)이 추밀원 편수관(樞密院編修官)으로 있으면서 금(金)나라와의 화의를 반대하며 간신인 진회(秦檜)·왕륜(王倫)·손근(孫近) 등 3인의 머리를 베어야 한다고 직간하다가 제명을 당하였는데, 그때 직간한 것이 '상고종봉사(上高宗封事)'이다.

130) 출사표(出師表): 제갈량(諸葛亮)이 출정하기에 앞서 유선(劉禪)에게 올린 글인데, 전후 두 편으로 되어 있다. 「전출사표(前出師表)」는 선제(先帝)의 은혜에 대한 감격과 국가에 대한 충성 및 후주(後主)에 대한 간절한 부탁을 담고 있으며,「후출사표(後出師表)」는 위(魏)와 촉(蜀)이 양립할 수 없음을 피력하고 중원(中原)으로 진출하여 싸워야 함을 주장하는 내용으로 되어 있다(「고문진보(古文眞寶)」후집(後集)」).

돌아올 즈음에 노승 한 명이 나에게 머리를 조아리며, "예나 지금이나 유람하는 자가 많았는데, 모두 말씀을 두어 사라지지 않을 공안公案이 되었고, 또 유람하는 까닭을 기록했습니다. 오늘의 유람은 산에서 취한 것인지, 물에서 취한 것인지 모르겠습니다. 산도 물도 아니라면 특별히 다른 데에서 얻은 것이 있습니까? 그렇지 않으면 차라리 말씀을 해주시지요"라고 하였다.

내가 "그렇습니다. 군자가 산수를 유람함에 비단 산이나 물에서 취할 뿐만이 아니니, 이는 물物에서 체득하여 나에게 돌이키고자 함입니다. 진실로 물物이 물物이 되는 이치의 까닭을 궁극적으로 꿰뚫어 알 수 있다면 내 앞에 다가오는 모든 것들이 나의 지식을 확고히 하고 나의 심성을 닦게 할 수 있을 것입니다. 행함으로써 그것을 더욱 높이고, 글로써 그것을 더욱 준엄하게 하며, 도로써 그것을 더욱 성대하게 하고, 덕으로써 그것을 더욱 수양하는 것이지요. 산이 두터워서 옮겨가지 않음을 보고서 이를 체득하여 내 마음을 어질게 하고, 물이 두루 흘러 막히지 않음을 보고서 이를 체득하여 내 마음을 지혜롭게 하며, 봉우리가 툭 끊어져 우뚝하게 솟은 것을 보고서 굳세게 뿌리 뽑히지 않을 것을 생각합니다. 송백松柏의 곧은 절개가 나중에 시듦131)을 보고서 무너진 물결132) 속의 지주砥柱133)를 생각하니, 동류끼리 접촉하여 확장시키는 것134)입니다. 사물마다 그렇지 않은 것이 없다면 호연浩然하여 자득할 것이니, 어찌 능히

---

131) 나중에 시듦[後凋]: 송백(松柏)처럼 변함없이 굳은 지사의 절조를 비유하는 말이다. 『논어(論語)』「자한(子罕)」의 "한 해가 다하여 날씨가 추워진 뒤에야 소나무와 잣나무가 뒤에 시드는 것을 안다[歲寒然後 知松柏之後凋也]"라는 말이 있다.

132) 무너진 물결[頹波]: 무너진 물결이란 곧 쇠퇴해진 세상을 뜻한 것으로, 세상에 정도(正道)가 무너졌음을 비유한 말이다.

133) 지주(砥柱): 하남(河南) 삼문협(三門峽) 동북쪽 황하 중심에 있는 산 이름이다. 황하의 물결이 아무리 거세게 흘러도 이 산을 무너뜨리지 못하고 이 지점에 와서 갈라져 두 갈래로 산을 싸고 흐른다. 흔히 난세에 지조를 지키는 선비의 비유로 쓰인다.

134) 접촉하여 확장시키는 것[觸類而長之]: 『주역(周易)』「계사전(繫辭傳) 상(上)」에 "이끌어 펴 나가고 부류에 따라 응용하여 적용하면 천하의 가능한 일을 다 마칠 수 있다[引而伸之 觸類而長之 天下之能事畢矣]"라고 한 데서 온 말이다.

잘 기르지 않겠습니까? 이것이 내가 유람하는 까닭입니다. 옛날에 증점曾點이 기수에 목욕하고 읊조리며 돌아오려[135]는 뜻을 두었고, 공자가 이를 허여한 것은 증점이 천리가 유행하는 묘리를 깨달았기 때문입니다. 그렇지 않았다면 기수의 목욕과 무단舞雩壇의 노래를 노나라 사람들이 다 그렇게 하는 것이었는데, 어찌 취할 만했겠습니까?"

이윽고 이것으로 노승에게 이야기하고, 아울러 이번 행차의 전말을 기록하여 덧붙인다. 기록한 이는 누구인가? 어촌漁村 양이정楊以貞이다.

원문原文

崇禎年庚辰. 季夏之月. 溽暑煩惱. 心神藥茹. 欲有所遊觀暢叙而不可得. 方悄焉. 偃臥梧陰之下. 忽有一丈夫. 手筇飄然而來. 卽安君翼仲也.
翼仲於余故也. 揖余而言曰. 子知夫山水之勝. 而能得其樂乎. 山水之勝在山水. 而山水之樂在我. 在我之樂. 吾知其不暇於外矣. 然而山水之勝. 不必皆在於寬閑之野. 寂寞之濱. 雖邑府城市之側. 跬步俯仰之內. 固未嘗無也. 顧人自不察耳. 火旺之山. 拔地千仞. 撑柱靑空. 盤根數百里. 在縣之背. 爲縣之鎭山之相近而易曉者. 莫若此山. 其間. 水石之淸奇. 峯巒之壯峻. 寺刹之宏麗. 爲南州第一. 而居是山之下. 未嘗知有山者. 久矣. 吾黨之羞. 不旣够乎. 今欲往一觀. 以忘吾憂. 從我者. 其子也歟. 余應曰. 諾. 期以月之望前一夕. 相會於杏壇. 仍謀入山矣.
越三日. 姜子述又來. 余忽摻之手. 以翼仲語我者語之. 子述殆匪塵埃中

135) 기수에 …… 돌아오려[浴沂詠歸]: 증점이 자신의 뜻한 바를 표현한 말로, 기수(沂水)에서 목욕하고 읊조리며 돌아오겠다는 의미이다(『논어(論語)』 「선진(先進)」).

物. 躍躍然以喜. 及期自擔瓠樽. 而馳過李德耉. 德耉以事免. 遂去至杏壇.

子述已到矣. 輒岸幘迎笑曰. 來何暮. 少焉. 安翼仲攜一童子姜雲海來會.

至如成卓爾·成自邇·成徵甫. 亦皆同聲相應. 次第而來.

于時. 清風徐來. 明月在天. 骨冷魂清. 塵念頓消. 良宵景色之佳. 朋友相

携之樂. 可謂兩至矣. 連袂徜徉. 間以誹諧. 不道人間事. 至夜五皷. 始

相與枕藉乎窓間. 清夢初回. 東方旣白. 徒倚危欄. 吟魂正苦. 忽有白雲一

抹. 橫帶山椒. 望之可樂. 徘徊指點之間. 心愈清狂.

芒鞋布襪. 扶杖而行. 得樹則休. 得石則坐. 行無所牽. 止無所泥. 挹清

流而濯纓. 掬寒泉而沃心. 且前且後. 忘年忘形. 搜奇剔異. 矯首遐觀. 清

冷者與目謀. 瀯瀯者與耳謀. 悠然而虛者與神謀. 淵然而靜者與心謀. 爭來

獻技.

左右牽挽. 心想役役. 不能便道取疾. 日已午. 纔能到外峴. 是峴寔爲琵瑟.

南去數里. 有一小菴基. 旣昔之號隱神. 而爲吾家願刹者也. 欲登眺而非徒

廢久茅塞. 不辨蹊徑日夕不暇及也.

因紆路. 由峴而東行六七里. 陪聞水聲潺潺. 如鳴環珮. 心樂之. 促赴之.

果得一橋. 橋長數十丈. 其高幾數丈. 橫架溪心. 隱然若晴虹駕漢. 殆與天

台石橋. 爭長雄矣. 橋下又多大石. 雲奔基錯. 虎恕鳥企. 或鼻口之相呀.

或蹄股之交峙. 疑若鬪屬搏噬焉. 水中有儵漁百許頭. 皆浮空無所依. 游焉

泳焉. 往來翕忽. 閑閑得得. 似與遊者相樂矣.

又由橋而下. 沿溪數百步. 有一巖高起. 臨乎川上. 整飭莊嚴. 意氣端重.

有若仁人君子然. 卽古安上舍餘慶亭基也. 上舍是翼仲王考也. 吾知非斯

人. 莫直其地. 又由亭而下. 沿流數里許. 有地名稱樓橋者. 古老傳. 麗末

妖僧遍照. 以玉泉寺爲願刹. 包括此山. 而盡樓閣之. 至於洞門水上. 亦爲

樓橋. 故世襲其舊號云. 長橋之內. 卽影堂寺也. 此地曾爲寒岡鄭先生影幀

生祠者. 故學佛人寺其基. 而冒其稱者也.

又有村居野店之點點於山隈者. 可三四區. 雲中雞犬. 松下房櫳. 望之如在
畫圖中. 無乃武陵桃源. 飛墮於此. 而天慳地秘. 人莫知之也耶. 寺之後.
少西上十許步. 有龍湫. 湫之水發源於北山長谷. 汨汨淙淙. 迤延而來. 噴
壑灑石. 跳沫飛珠. 瀉爲瀑布. 回爲石泓.

泓下有盤石. 平如棊局之面. 而上可坐數十人. 其側或陂陀隱嶙. 蟠曲如龍
腰. 泓水割其盤石之半. 飛鳴汨㶁而遊者. 幾十餘步. 其流之大. 僅如束
楚. 而其石罅之深淺濶狹. 亦能容束楚而止耳. 不知何時有甚巨靈. 能斤斧
之鎚琢之. 至今礱斲之痕. 班班焉. 可見也. 抑鴻荒之初. 老龍神交. 蛇蜒
跳躍. 感震電. 汨陵谷. 變化乘天. 而尚留奇蹤詭觀. 傳與後人作美譚. 而
湫之所以得名者耶. 大刹之以觀龍名者. 其亦以是夫. 又由湫而上. 遡流數
百步許. 有一峻嶺嬋媽. 而北走. 其中有三池九井. 此地誌所載.

火旺城而龍蛇之變. 郭忘憂獎率三軍. 備守禦者也. 其北角最此山之峻極
者. 壁立斗絶. 與天角壯. 余觀之. 非徒愛之. 而又有所感焉. 非徒感之.
而又有所敬焉. 況在邃古昌山之曹. 實神化於斯池. 則其靈異可見. 想呼吸
之氣. 上通帝座矣.

由湫而東. 沿溪而上. 至盡十餘里. 乃得大刹. 是所謂觀龍者. 至此. 地益
開山益明. 龍回虎抱. 勢益寬綽. 爲一別有之天地矣. 忽拂袖登臺. 倚杖周
覽. 則直當兩乳之間. 朱甍碧瓦. 嵬峩輝煌者. 法堂也. 分庭左右. 飛搆翼
然者. 甍堂也.

又於西偏. 有藥師殿一間. 其柱石樑楯. 是晉末和年建. 則此於此寺最爲古
迹奇觀. 而其榱題丹. 碧則世或新之者也. 又有一高樓. 橫絶滿月臺南. 棟
宇凌虛. 鳥革翬飛. 溫風不爍. 清氣自至. 怳然如在九嵏甘泉之中矣. 況千
石洪鍾. 百尺危欄. 無非壯人耳目. 快人精魄者. 而西山彌勒峯之峻極于

天. 東岳石龍巖之壁立千仞. 尤此樓之一大觀也.

此外房榭之別有名號者. 矗矗如蜂房水渦焉. 小刹如觀音殿. 極樂菴黑龍菴. 白雲巖之林立於巖罅者. 亦各有一般景致. 無非可翫. 而其超然特出. 離塵絶俗.

凡高下險夷. 遠近細大. 通塞蔽虧. 春秋榮悴. 朝夕暉陰. 雲煙山水. 鳥獸草木. 可喜可愛. 可怪可愕之狀. 纔一寄目. 盡包而有之者. 惟青龍菴爲最善. 豈不以是菴居大山之脊. 出半空之表. 濶吞遠引. 無所碍滯也.

翌日. 蓐食訖. 使一釋子爲前導. 余六人者繼之. 攀援藤葛. 屭贔而登. 至星辰殿側休焉. 因披襟乘石磴而上. 則菴是已. 於是. 敞開軒窓. 以極瞻眺. 則纖纖盡卷. 宇宙空濶. 東西南北. 無所壅遏矣.

所謂琵瑟峴者. 影堂寺者. 安上舍亭臺者. 遍照僧樓橋者. 村居野店者. 龍湫石泓者. 皆在履舃之下. 所謂法堂者·翼室者·藥師殿者·鍾閣樓者·彌勒峯者·石龍巖者·房榭之矗矗者·小刹之林立. 皆在乎几席之間.

至於群山之蒼翠巃嵸. 如龍飛如鳳舞. 若剝若垢. 或起或伏. 隱見而繼續者. 澗水之清澈無穢. 源流不窮. 流注盈溢. 徐疾激揚. 歷萬古而不舍者. 松柏之葱葱鬱鬱. 落落亭亭. 可以棟樑乎明堂者. 皆在乎堂廡之際. 譬如入在堂上. 而察堂下人. 曲直莫能逃形也.

到此. 益知所見之不可不養. 而所處之不可不高也. 向在村閭塵土之中. 所見不過溝瀆之水. 丘垤之山. 所處不過蔀斗之屋蓬席之門. 汩沒湮鬱. 神氣沮喪. 殆不能堪. 及至山底. 雖不能大快於心. 而猶足爲喬木之遷. 比諸在家. 不啻天然矣. 及至於此. 則所見益廣. 所處益高而. 胸懷暢達. 杳杳渾化. 心地清明. 萬物皆備. 又比山底之得. 又不啻天與淵.

倘使老夫計不出此. 而頹臥田園. 孤陋席日. 則山底之得. 烏可望也. 才到山底. 又不及此. 則此境之得. 又烏可望. 而三萬六千光景之裡. 有何事

業. 可快於心. 而酬得平生之債也. 然幸者之中. 又有不幸者存焉. 何者.
孟子曰. 觀於海者. 難爲水. 遊於聖人之門者. 難爲言. 蓋言凡事之必極其
大. 而不可安於小也.

今日. 山水之觀. 旣極其大. 則此外山水. 定於吾輩. 有難爲山水者. 是則
幸矣. 而獨恨生旣晚矣. 學又滅裂. 無緣得遊聖人之門. 攝齊天人之際. 高
視傑步. 置身山斗之地. 而乃反永活小朝. 低首下心. 夫耕婦織. 以供皮幣
之不暇. 此果何如. 此果何如. 若是而靦顏. 山水間. 談水談山. 有若平地
上人. 豈非吾輩之大可羞乎.

同行諸君. 皆與我同調者. 且非果於忘世者. 相與愀然不樂. 繼以大息. 因
使翼仲所偕姜童. 誦高宗封事. 及出師表兩篇. 時已日暮矣. 且傷時之念.
交攪於中. 故未能穩討山水之勝. 還宿于大刹之東上房. 明日各散去. 而子
述先焉. 翼仲卓爾自邇. 及姜童繼之. 徵甫水繼之. 余最後來. 旣連轡去.
有先後者. 以其道里之有近遠也.

臨還. 有一老僧. 叩余曰. 古今遊觀者. 不爲不多. 而皆有說. 留作不朽之
公案. 且誌其所以遊之道. 未知今日之遊. 取於山耶. 取於水耶. 抑不於
山. 不於水. 而別有他自得處耶. 否者寧有說乎.

余曰然. 君子之遊之也. 非徒取於山也. 取於水也. 蓋將以體乎物. 而反乎
己也. 苟能窮得透了知物之所以爲物之理. 則物物之來于前者. 皆得以致吾
之知. 而養吾之心. 行以之益高. 文以之益峻. 道以之益懋. 德以之益修.
觀山之厚重不遷. 則體焉而仁吾心. 觀水之周流不滯. 則體焉而智吾心. 觀
峰岳之斗絶卓立. 則思確乎不抜. 觀松栢之孤直後凋. 則思砥柱頹波者. 燭
類而長之. 無物不然. 則浩然自得. 焉得而不善養哉. 次吾之所以遊之道
也. 昔曾點有浴沂詠歸之志. 而夫子許之者. 以點見得夫天理流行之妙故
也. 不然. 沂水之浴. 壇上之詠. 魯人之所同也. 烏足取哉.

旣次是告老僧. 兼錄此行顚末. 以付之. 錄之者誰. 漁村楊以貞也.

출전: 楊以貞,『嶧陽集』「火旺遊山錄」

16

재악산기

載岳山記

동계대사東溪大師

동계대사(東溪大師, 1636~1695): 세조의 후손으로 호는 동계(東溪), 당호는 태허당(太虛堂)이며 출가하여 승려가 되었고 법명은 경일(敬一)이다. 금강산 유점사(楡店寺) 벽암대사(碧岩大師) 문하에서 공부하였으며, 제자백가에 두루 통달하여 당세의 명사들과 교유하였고, 고관들 사이에서도 명성이 높았다. 저서에 『동계집(東溪集)』이 있다.

해제解題

「재악산기載岳山記」는 경남 밀양의 재악산에 대한 기록으로 동계대사東溪大師는 모든 사물은 명칭을 붙인 이유가 있다고 설명하고 재악산의 명칭과 이로움 등을 기술하였다. 재악산의 이름의 유래에 대하여 첫째 수레로 짐을 실어 나르는 형상이며, 둘째 신라시대에 왕이 병으로 이 산의 물을 실어 먹었기 때문이며, 셋째 이 산에 약초가 많이 생산되어 원래는 재약산이었는데 후대로 내려오면서 재악산이라는 이름으로 바뀌었다는 세 가지 설을 기술하고, 이 산에 거처할만한 이유 네 가지와 완상할만한 것 네 가지를 들어 설명하고, 이 산은 밀양의 농사에 가뭄과 홍수를 방지하여 주기 때문에 백성들이 모두 좋아하며, 산수의 아름다움을 기록하였다.

국역國譯

재악載岳이라는 명칭은 그 이름을 지은 뜻이 상세하지 않다. 무릇 사물은 모두 이름을 지은 뜻을 가지고 있고 그런 뒤라야 그 이름을 지은 까닭이 드러난다. 촉蜀나라의 동산銅山은 동철이 많이 생산되기 때문에 붙여졌고, 축竺나라의 설산雪山은 돌의 색깔이 흰 것이 많기 때문에 붙여졌다. 오직 산만 이런 것이 아니다. 천하의 만물에 이르기까지 무릇 이름이 있는 것은 혹은 그 기능 때문에, 혹은 그 색깔 때문에, 혹은 그 형태 때문에, 혹은 그 산물 때문에 명명되는 것이다. 황하黃河, 흑수黑水, 지석砥石, 반목蟠木 같은 것도 가리키는 바가 없지 않다.

현재 재악이라는 이름은 기능, 형태, 색깔, 산물 중 어느 것으로 인해 붙여졌을까? 마침내 고을의 늙은이들을 통해 징험해 보니, 어떤 이는 "산의 모양이 수

레가 물건을 실은 것 같기 때문이다"라고 하고, 어떤 이는 "신라 왕이 병이 들어 이 산의 물을 운반하여 이를 마시려고 수레에 실어 날랐기 때문이다"라고 한다. 그렇다면 이것은 그 형태와 산물 때문인가? 어떤 이는 또 "악嶽이 아니라 약藥이 맞다. 예로부터 산중에 약초가 많이 있었기 때문이다"라고 한다. 나는 "모두 잘못된 것이다. 그 명명한 뜻이 자질구레하여 실제와는 맞지 않다"라고 하였다.

지금 내가 마음 가는 데로 생각해 보니, 산의 뿌리는 멀리 백두白頭·금강金剛·오대五臺·태백太白으로부터 내려와 동쪽으로 바다에 닿는데 우뚝 솟은 푸른 산이 청도淸道·밀양密陽·양산(梁山)·언양彦陽 수백 리 사이에 걸쳐져 있다. 높이는 만길 남짓되고 위로는 기성箕星[136]과 방성房星[137]을 침범하며, 골짜기는 깊고 바위 봉우리는 큼직하고 아름다워 다른 산에 비할 바가 아니다. 계곡의 웅장함과 폭포의 아름다움은 만 골짜기와 천 바위의 깊고 아득한 사이에서 비롯되는데, 그 근원이 끝이 없고 그 물결이 거침없으며, 아득한 옛날부터 끊임없이 흘러서 비록 7년의 가뭄이라도 마르지 않고 졸졸졸 골짜기에서 솟아나 밀양부密陽府 50리를 거쳐 남쪽으로 흘러가서 낙동강으로 유입된다.

그 사이에 기름지고 비옥한 밭과 양질의 윤택한 땅이 몇천만 구역인지 모를 정도이다. 사람들이 여기에 의지하여 생활하니 밀양부 사람들은 모두 이 산으로부터 목숨을 부지하는게 아니겠는가? 그렇다면 이 산은 밀양 사람들 모두 보배로 여길 만할 것이 아니겠는가? 밀양부 사람들도 나라의 백성이니 이 산 또한 나라의 보배가 되지 않겠는가? 그렇다면 밀양 사람과 나라의 백성들 모두 이 산을 명명하기를 재약으로 해야 마땅할 것이다. 재약은 병자에게 약이

---

136) 기성(箕星): 이십팔수(二十八宿)의 일곱째 별자리에 있는 별들. 동북방에 위치해 있으며 바람을 좋아한다고 한다.

137) 방성(房星): 이십팔수(二十八宿)의 넷째 별자리의 별들. 동방 칠수(七宿) 중의 하나로, 심수(心宿), 미수(尾宿)와 함께 전갈자리를 이루고 있으며 말의 수호신으로 상징된다.

될 때에나 합당하지 통용될 수 있는 이름이 아니다.

어떤 이가 말하기를, "무릇 삼신산三神山에 약초를 캐러 간 자가 어찌 한갓 병을 치료하기 위해서만 이것을 구했겠는가? 바로 오래도록 살면서 늙지 않고 범인의 허물을 벗어 신선이 되는 약인 것이다"라고 하였다. 내가 말하기를, "죽지 않는 약은 비록 듣기에는 좋으나, 세상에 어찌 죽지 않고 장생하는 자가 있겠는가?"라고 하였다.

대저 지혜로운 이는 물을 좋아하고 어진 이는 산을 좋아한다고 하는데, 나는 어질고 지혜로운 자는 아니지만 산수의 벽癖이 있어서, 이 산이 맑고 물이 고운 것을 보고서 숨어 살려는 군자가 머물만한 곳임을 알게 되었다. 그리하여 우연히 이 산에 들어왔다가 종암鍾岩 아래의 초당에 머물러 살게 된 지 몇 해가 되었는데, 이 산은 살 만한 이유가 네 가지 있고 감상할 만한 것이 네 가지 있음을 알게 되었다.

감상하고 노닐면서 즐겨보니, 대저 산은 높지만 또한 산물이 풍부하고 골짜기가 깊지만 도리어 평평하고 넓다. 천석이 아름답고 맑으며 나무 또한 아름답고 무성하여 지혜를 기르기에 충분하니 이것이 첫 번째 살 만한 이유이다. 물이 넓고 구름이 많고 홍진이 이르지 못하며 수레와 말과 시끄럽게 떠드는 사람들도 거의 보이지 않아 정심定心을 기르기에 좋다는 것이 두 번째 이유이다. 푸른 솔이 고개에 가득하고 붉은 상수리나무가 숲에 빼곡하며, 봄에는 먹을 수 있는 채소가 많고 가을에는 배고픔을 면할 수 있는 과일이 있으며, 오곡이 산 안에 가득하고 백 가지 근심을 숲 속에서 잊을 수 있어 천명을 기를 수 있는 것이 세 번째 이유이다. 뒤로는 고개들이 울타리처럼 쳐져 있고 앞에는 넓은 길이 닦여 있어 오고감에 비록 어느 정도 되는 거리라도 넘어야 할 벼랑이 없고 험준하게 가로막힌 곳도 없으니, 지팡이를 짚고 거침없이 가거나 말을 타고 오더라도 평탄하고 넓어서 몸을 돌보기에 편리한 것이 네 번째 살 만한 이유이다.

또한 사백 리 밖으로 구불구불 이어져 와서 고을 사이에 펼쳐지는데 그 형세가 여유가 있으면서 좁지 아니하고, 그 모양은 부드러우면서도 급박하지 아니하여 마치 군자의 기상이 있는 듯하니 이것이 볼 만한 것이다. 봉우리는 경쟁하듯 빼어나고 만 골짜기는 다투듯 흘러가니 물은 빼어나고 산은 맑다. 이를 보는 자라면 때 묻은 마음과 속된 생각이 흔적 없이 사라져 저절로 마음이 맑아지고 도기道氣와 선심禪心이 갑자기 마음에 일어나 선지식善知識[138]의 모습이 있는 듯하니 이것도 볼 만한 것이다. 뭇 산들은 사방을 에워싸고 여러 물줄기는 한쪽으로 돌아나가는데 산의 자태가 엄연히 뭇 산을 거느려 마치 임금의 풍모가 있는 듯하니 이것도 볼 만한 것이다. 샘물이 골짜기에서 흘러나와서 백성의 밭에 물을 대주고 연못의 용이 비를 뿌려주며 산신령이 구름을 토해내어, 비록 가뭄이 계속되더라도 만물이 오래도록 윤기를 머금고 있어 마치 장자長者다운 풍도가 있는 듯하니, 이것도 볼만한 것이다. 이 여덟 가지는 모두 인심人心을 북돋우고 도기道氣를 도와주는 것이다.

나는 일찍이 꿈에 어떤 산속에 간 적이 있다. 서쪽에 높고 험한 골짜기가 있었는데, 옥 같은 봉우리와 수놓은 듯한 골짜기와 떨어질 듯한 돌과 위태한 바위가 간간이 드러났다가 겹겹이 나타나고, 한 줄기의 맑은 계곡이 중간에서 나와서, 혹 나는 듯이 폭포가 되기도 하고 떨어져서 소를 이루기도 하며, 천천히 흘러가 내를 이루기도 하고 내달아가서 여울이 되기도 했다. 대저 매끈하고 깨끗한 너럭바위는 다듬어놓은 듯 갈아놓은 듯 저절로 높고 낮으며 둥글고 편평하였는데, 물이 그 위를 흐르고 대략 10리에 걸쳐 아름다운 승경을 이루었다.

계곡을 따라 올라가자니 이따금 시인묵객들이 함께 하기도 하고 불자들이

---

138) 선지식(善知識): 부처님의 교법(敎法)을 말하여 다른 이로 하여금 괴로움에서 벗어나 이상향(理想鄕)에 이르게 하는 자를 말한다.

쌍을 이루어 더러는 맑은 천석 위에서 시를 읊조리기도 하고, 더러는 푸른 나무 그늘 속에 앉아 있기도 하여 아련히 별천지에 있는 사람들 같았다. 막다른 곳에 이르니 봉우리가 있었는데 마치 만길 연꽃이 하늘 위로 솟아오른 것 같았다. 훌쩍 뛰어 정상에 올라 위로 북두성 자루를 어루만지고 아래로 상해桑海[139]를 굽어보았다. 왔다 갔다 하다가 날이 저물어 내려와 골짜기를 나오니 옛절이 동쪽 벼랑 푸른 계곡 위에 착 펼쳐져 있었는데, 붉은 문과 아로새긴 난간이 깊은 숲과 울창한 대나무 밖으로 찬란히 비쳤다. 그러나 그곳이 어디인지 알지 못하고 꿈에서 깨어났다.

지금 이 산을 보면 자못 일찍이 꿈에서 보았던 것과 비슷하지 않은가? 그렇다면 이 산은, 내 몸은 비록 처음 왔더라도 정신은 이미 노닐었던 곳이다. 드디어 기문을 지어 산신령께 부치는 것은 평생 은거하겠다는 맹세를 맺으려는 것이다.

원문原文

載岳之爲名. 未詳其所命之意也. 凡物皆有所命之意. 然後著其名故. 蜀之
銅山. 以其多産銅鐵也. 竺之雪山. 以其石色多白. 非獨山之如此. 至於天
下萬物也. 凡有其名者. 或因其能. 而或因其色. 或因其形. 或因其産而名.
黃河黑水砥石蟠木之流. 非無所指焉.
今載岳之名. 其能耶形耶色耶産耶. 遂以徵諸鄉之耆老. 或曰山之形. 如車
之載物也. 或曰羅王病. 運此山之水而服之. 以輿載之. 然則此以其形與産

---

139) 상해(桑海): 상해는 부상(扶桑)의 바다라는 말로, 동해(東海)를 가리킨다. 부상은 동해 속의 신목(神木)으로,
해가 뜰 때 이 나뭇가지를 떨치고서 솟구쳐 올라온다고 한다.

耶. 或曰非岳而是藥. 以其山中古有多藥草也. 余曰皆非也. 其命名之意.
瑣細而不實矣.

今余以率意而思之. 山之根遠自白頭楓岳五臺太白而下. 東抵于海. 窮隆積
翠. 盤絡於清密梁彥數百里間. 其高則萬丈餘. 上侵于箕房之宿. 其洞壑之
深邃. 岩巒之豐麗. 不是與他山之比. 溪澗之壯. 泉瀑之美. 根於萬壑千
岩. 窅窕之間. 其源浩浩. 其派洋洋. 而自千萬古流而不歇. 雖七年之旱.
不爲枯涸. 溶溶然出於洞. 抵府五十里. 南入於洛.

其間膏沃之田. 良潤之畦. 不知其幾千萬區. 人賴以活. 則密府之人. 非咸
載命於此山者耶. 然則此山非密城一府之人所可寶歟. 密人亦國之民. 則此
山亦非爲國之寶歟. 然則密人與國人. 皆名此山爲載岳宜矣. 載藥則藥於病
者惟宜. 非通名也.

或曰凡采藥三神者. 豈徒療病之是求哉. 乃長生不老. 蛻凡登仙之藥耳. 余
曰. 不死之藥. 雖徒聽之爲美世. 安有不死而長生者乎.

夫智者樂水. 仁者樂山. 余非仁智者. 有山水之癖. 見此山明水麗. 知其有
隱君子所可栖也. 偶入而駐錫於鍾岩下草堂. 而留居者數年. 知山之有所可
居者四. 而可賞者四也.

感玩而樂之. 夫山高而且豐富. 洞邃而還平寬. 泉石娟明. 樹木佳茂. 足以
爲養智者. 所可居一也. 水闊雲多. 紅塵不到. 罕見其車馬之容. 紛咻之
態. 足以養定者. 所可居二也. 青松滿嶺. 赤橡堆林. 春多可茹之菜. 秋有
療飢之果. 五穀蕃於山內. 百擾息於林間. 足以爲養命者. 所可居三也. 背
有萬嶺之藩. 前修一紳之路. 其爲往復. 雖有一臾旬之遠. 而無險崖可越.
無險峻可礙. 飛笻而進. 鞍馬而來. 坦然而平. 足以爲養身者. 所可居四也.
且有透迤四百里外. 磅礴數三州間. 其勢豐而不阨. 其容雍而不迫. 似有君
子之氣象. 是可賞也. 千岩競秀. 萬壑爭流. 水秀山明. 能使見之者. 塵心

俗慮. 泯然自澄于胸. 而道氣禪心. 頓激於心. 似有善知識之形儀. 是可賞也. 衆山周擁於四隅. 群水縈帶於一面. 山之面. 儼然出御于中. 似有王者之狀. 是可賞也. 泉流出峽. 灌溉民田. 潭龍施雨. 山靈吐雲. 雖於旱天之中. 長含潤物之澤. 似有長者之風資. 是可賞也. 此八者. 皆爲激人心助道氣者也.

余嘗夢至一山中. 西有岑嶔之谷. 瑤峯綉峽. 落石危岩. 間露層出. 而一道清溪. 自中而出. 或飛而爲瀑. 洛而爲潭. 平而成川. 走而爲瀨. 大抵磐岩娟潔. 如礱如磨. 自成高下圓平. 而水以流其上. 約十里許. 爲佳勝之境也. 沿流而上. 往往有騷人連袂. 梵侶成雙. 或吟於清泉石上. 或坐於碧樹陰中. 依依若壺中人物也. 至窮源處有峰. 如萬丈之芙蓉. 斗入於紫虛之内. 騰身而上冡頂. 上摩斗杓. 俯瞰桑海. 徘徊日夕而下. 出其洞. 有古寺排壓於東崖碧潤之上. 朱戶雕闌. 燦映於茂林修竹之表. 然而未知其某處而覺.

今觀此山. 殆非彷彿於曾所夢者耶. 然則此山. 身雖始到. 神則旣遊之地也. 遂作記. 以寄諸山靈. 擬與約平生歸隱之盟爾.

출전: 東溪師, 『東溪集』「載岳山記」

141

17

유웅신록

遊熊神錄

김만현金萬鉉

김만현(金萬鉉, 1820~1902): 자는 내문(乃聞), 호는 만휴당(晚休堂)·오음(梧陰), 본관은 김해이다. 일찍이 학문(學問)이 뛰어났으나, 정세가 혼란하여 벼슬에 뜻을 두지 않고 향리(鄕里)에 묻혀서 학문연구와 후진양성에 전념하였다. 문집(文集)인 『만휴당집(晚休堂集)』이 남아 있다.

해제解題

　「유웅신록遊熊神錄」은 김만현金萬鉉이 지우들과 웅신사熊神寺를 여행하며 주변의 경치와 승려와 이야기를 나누고 느낀 소감을 기록한 것이다. 필자는 어렸을 적에 사찰에서 글을 읽었는데 그 당시에는 조용하고 그윽한 곳을 찾지 못하였음을 회상하고 영재英齋의 문회의 자리에서 지우들에게 여행할 것을 제의하여 친지와 지우들과 여행한 내용의 기록이다. 웅신사는 신라시대에는 유명한 사찰이었음을 강조하고 바다가 내려다보이는 경관과 물가에서 술잔을 기울이며 시가를 읊조리다가 날이 저물도록 흥을 즐긴 일과 유가와 불자는 도가 다른데 산수를 좋아함은 같으나 유명한 산과 좋은 물가는 모두 사찰들이 다 점거하고 있다고 기술하고 있다.

국역國譯

　웅신사熊神寺[140]는 신라시대의 이름난 사찰이다. 창원 부에서 남쪽으로 30리쯤에 있는데 커다란 산이 병풍처럼 사방을 에워싸 둘렀으며 그 남쪽은 곧바로 큰 바다요 땅의 끝이다. 물과 하늘이 서로 접하여 외따로 멀리 떨어져 마치 딴 나라 같은데, 운림雲林의 그윽함과 천석의 아름다움은 이른바 사람 사는 세상이 아닌 별천지인 듯하다.

　지난날 나는 소싯적에 선방禪房에서 글을 읽었지만, 마침 한겨울이라 그윽하고도 기이한 경관을 찾아 올라볼 수는 없었는데, 손꼽아 헤어보니 어느덧 40년이나 되었다. 때로 한 번쯤 그때를 떠올려 보면 물소리와 산빛이 자주 귀에

---

140) 웅신사(熊神寺): 경남 창원시와 김해시 사이에 있는 불모산 서편 자락에 있는 절로 지금의 성주사(聖住寺)이다.

들리고 눈에 어른거린다.

정해년[1887, 고종 24] 7月에 나는 영재英齋의 문회 자리에 있었다. 고향 벗 모 씨와 일가인 길원吉元, 군범君範 등 여러 사람과 다음 달 25일에 행장을 차려 산을 오르기로 약속했는데, 소강절邵康節[141]은 2월, 8월에 산으로 떠났고, 주부자朱夫子는 "봄, 가을 두 절기에 유람하는 것이다"라고 말하였기 때문이다.

이날은 날씨가 맑고도 시원하며 가을볕이 밝고도 아름다웠는데, 영운靈運[142]의 나막신에 밀랍을 바르고 자유子猷[143]의 배를 노 저으며 더러는 흥에 겨워 옛 벗의 안부를 묻고 더러는 경치에 따라 시구를 읊었다. 선문禪門에 도착하니 승려 여러 무리가 모두 나와 삥 둘러서서 절하였는데, 등암藤庵의 승려가 어깨에 가사를 걸치고 머리에는 누더기를 두른 채 무릎을 꿇고 절하였다. 자리를 잡고 앉자 차를 내 와서 그와 함께 이야기를 주고받았는데, 또한 제법 문자를 알아 매우 마음에 들었다.

얼마 뒤에 산속 해는 이미 저물어서 저녁을 먹은 뒤에 좀 여유 있게 말을 나누다가 일행이 모두 몹시 피곤하여 잠이 들었지만, 나는 한참 동안 홀로 앉아 있다가 잠자리에 들었다. 종소리를 듣고 일어나니 정신은 맑고 기분이 상쾌하여 평생토록 행한 바를 오롯이 생각을 좇은 중에 다 알 듯하니, 두보杜甫의 시[144]에서 말한 '잠 깰 즈음 들려오는 새벽 종소리, 사람을 깊이 반성케 하네[欲覺

---

141) 소강절(邵康節): 북송(北宋, 1011~1077)의 유학자로 이름은 옹(雍), 자는 요부(堯夫), 호는 안락와(安樂窩), 시호는 강절(康節)이며, 역학(易學)에 특히 뛰어났다. 진사로 영천 추관(潁川推官)에 보직되었으나 나가지 않고 인종(仁宗)이 자주 불렀으나 가지 않았다. 선천상수학(先天象數學)을 연역(演繹)하고 저서에는 「격양집(擊壤集)」과 「황극경세서(皇極經世書)」가 있다.

142) 영운(靈運): 사영운(謝靈運)을 말한다. 남조(南朝)시대 송(宋)나라의 문장가로 산수를 좋아하여 언제나 나막신을 신고 산에 올라갈 적에는 앞굽을 떼어버리고 산에서 내려올 적에는 뒷굽을 떼어버렸다고 한다.

143) 자유(子猷): 자유는 진(晉)나라 때 왕휘지(王徽之)의 자이다. 왕휘지는 살던 곳이 산음(山陰)이었는데, 어느 날 밤 큰 눈이 막 개고 달빛이 휘영청 밝은 것을 보고는 갑자기 섬계(剡溪)의 친구 대규(戴逵)가 생각나서, 즉시 거룻배를 명하여 타고 밤새 가서 다음 날 아침에야 섬계에 당도했다가, 대규의 집 문 앞까지 가서는 흥이 다했다 하여 그의 집에 들어가지 않고 그대로 되돌아왔다는 고사가 있다.

144) 두보의 시: 「유용문봉선사(遊龍門奉先寺)」를 말한다.

聞晨鍾 令人發深省」라는 구절은 실로 옛사람이 나와 같은 생각을 한[45] 적이 있는 것이다.

아침을 먹고 나서 동부洞府를 두루 구경하고자 하니 등암의 승려가 길을 안내하였다. 안개를 헤치고 숲 그늘을 뚫으며 높은 곳에 올라 휘파람 불고 물가에서 발 씻으며 술 한 잔에 시 한 수씩 읊다가 날이 다하여 마쳤으니, 지난날 이루지 못했던 빚을 갚기에 충분하였다.

아! 선비와 승려의 도가 서로 같지 않아도 그 자연 속에서 즐기는 것은 한 가지이다. 그렇지만, 이름난 산과 좋은 물은 모두 저들이 차지하고 있어서 우리들이 얻어 더불 수 없음은 어째서인가?

사람이 태어나면서 고요하니[46], '정靜'을 주로 하는 것은 한 가지이다. 그런데 우리의 배움은 '고요하면서 감응하는 것[寂而感]'이고, 저들의 배움은 '고요하면서도 마침내 없어지는 것[寂而滅]'이다. 고요하면서도 마침내 없어지기 때문에 그들의 거처는 고요한 곳에 많고, 고요한 듯하면서도 감응하기 때문에 그 작용은 움직임 속에 많이 있지만, 그 근본을 따져보면 다 고요함을 주로 하는 것이다. 우리들의 오늘 유람이 어찌 그러한 까닭이 있지 않았겠는가?

오늘 밤에 다시 절에서 자고 내일이면 돌아갈 것이므로, 우리들이 저마다 의견을 내세우고 그 정당함을 논한 것과 시가詩歌를 지어 서로 주고받으며 노래한 것을 기록하여 뒷날의 산중고사를 채비할 따름이다.

---

145) 옛사람이 나와 같은 생각을 한: 「맹자(孟子)」 「고자(告子) 상(上)」에 '옛사람이 같은 생각을 한 적이 있음(先獲我心)'을 안다'라고 하였다.

146) 사람이 태어나면서 고요하니[人生而靜]: 사람이 태어나서 아직 사물과 접촉하지 않아서 순수(純粹) 지선(至善)한 미발(未發)의 시기를 말한다. 『예기(禮記)』 「악기(樂記)」에, "사람이 태어나서 아직 고요한 상태에 있는 것은 하늘의 성이요, 외물에 접촉해서 작동하는 것은 성의 욕이다[人生而靜 天之性也 感於物而動 性之欲也]"라는 유명한 명제가 나온다.

원문原文

熊神羅代名刹也. 在府南三十里許. 巨嶽屏圍而環匝. 其南卽大海地盡. 水天相接. 而隔斷如異域. 雲林之邃. 泉石之美. 殆所謂別有天而非人境也.

昔余少日讀書禪房. 而時維大冬. 不得尋幽陟奇. 屈指星霜. 居然四十度周矣. 時一追想. 泉聲嶽色. 往往發耳目中.

丁亥七月. 余在英齋文會之席. 與鄉友某某. 若族君. 吉元君範諸人. 約以翼月二十五日. 理筇屐. 是邵康節二八月出. 朱夫子所云. 春秋兩時節. 爲勝遊者也.

是日也. 天氣淸凉. 秋暉明媚. 蠟靈運之屐. 棹子猷之舟. 或乘興訪朋舊. 或因景賦詩句. 及到禪門. 闍梨. 數輩齊出羅拜. 有藤庵師者. 肩緇袈項白衲. 合掌拜跪. 坐定進茶. 果與之語. 亦頗解文字. 甚合人意也.

已而山日已曛. 夕飯後畧綽打話. 一行皆困頓而睡. 余獨坐良久乃就寢. 聞鍾聲而起. 則神淸氣爽. 平生所爲. 一從思量中可悉. 老杜詩所云. 欲覺聞晨鍾. 令人發深省者. 實先獲我心也.

朝後. 將周觀洞府. 藤師引路. 彼烟霞穿林樾. 登高而嘯. 臨流而濯. 一觴一詠. 竟日而羅. 足償宿昔未遂之債也.

噫 儒釋道相不同. 而其山水之樂則一也. 然名山好水. 皆爲彼家占據. 而吾家之不得與焉. 何也.

盖人生而靜. 主靜則一也. 而吾學寂而感. 彼學寂而滅. 寂而滅. 故其居也多在於靜. 寂而感. 故其用也多在於動. 而原其本. 則皆主靜也. 吾輩今日之遊. 其不有以也歟.

是夜更寂招提. 明日將還. 因記其討論唱酬. 以備異日山中故事云.

출전: 金萬鉉, 『晩休堂逸集』「遊熊神錄」

18

중유문수산기

重遊文殊山記

최정진崔鼎鎭

최정진(崔鼎鎭, 1800~1868): 자는 관부(寬夫), 호는 화산(花山), 본관은 전주(全州)이다. 증 이조판서(贈吏曹判書)
최균(崔均)의 후손으로 아버지는 최필구(崔必龜)이며, 경남 고성(固城) 학동(鶴洞)에서 살았다.

해제解題

「중유문수산기重遊文殊山記」는 화산花山 최정진崔鼎鎭, 1800~1868이 문수산을 두 번 유람한 것을 기록한 것이다. 문수산은 두류산의 맥이 남으로 내려와 여러 산을 이루고 또 서쪽으로는 와룡산과도 연결되며, 문수보살文殊菩薩을 닮은 자연석이 있어서 불가에서는 문수보살이 강림하였다고 말하고 이 암자를 문수암文殊庵이라 하며 임진왜란 때에는 송암 이 선생松巖李先生이 이 산에 피난을 와서 호를 문수산인文殊山人이라 하였다. 을해년에 부친과 부친의 지우들이 이 산을 유람할 때에는 필자가 어려서 동행하지 못하였다가 정축년에 종조부와 외종조가 유람할 때에는 필자도 동행하였으며, 기축년에 여러 지우들과 다시 이 산을 유람하게 된 경위를 밝히고 산에서 바라본 함양의 지리산과 가야의 옛 도읍지 등을 설명하였으며 두 번의 유람에서 지은 시를 모두 기록하였다.

국역國譯

문수산文殊山[147]은 고성읍固城邑에서 30리 떨어진 곳에 있는데, 대개 두류산 줄기가 남쪽으로 뻗어내려 경상우도 여러 읍에 뭇 산을 만들고, 다시 꺾어져 서쪽으로 가서 와룡산臥龍山[148]의 근원이 되었다. 비록 주위를 감싸고 기운을 갈무리하는 모습은 없지만 우뚝한 기세와 아스라한 모습은 동남쪽에서 첫 번째가 되기에 족하다.

---

147) 문수산(文殊山): 경남 고성군 상리면 무선리에 있으며 해발은 548m 정도인데, 지금은 무이산이라고 한다. 한려수도의 절경을 한눈에 바라볼 수 있으며, 바로 앞 자란만에는 사량도와 점점이 박힌 조그만 섬들 사이로 멀리 육지도까지 뚜렷하게 눈에 잡힌다. 문수암은 668년 의상대사가 창건했다고 전한다.

148) 와룡산(臥龍山): 경남 사천시 사남면 계양리에 있으며, 해발은 799m 정도이다. 고려 태조 왕건의 막내 아들 욱(郁)과 그의 아들 순(詢, 8대 현종)이 와룡산 기슭에서 귀양살이 했다고 한다.

예로부터 몇 칸 암자가 절벽에 매달려 있고, 바위굴 안에는 저절로 생긴 돌이 사람 모습을 하고 있어 불가에서는 문수보살이 이곳에 내려온 것이라고 여겨 산 이름을 문수라 하고 암자 이름도 문수라 하는 것이 대개 이것 때문이다. 임진왜란 때 송암(松菴149)) 이 선생李先生이 이곳으로 피난 와서 스스로 문수산인文殊山人이라 하였는데, 이러한 내용이 『용사일기龍蛇日記』에 실려 있다.

을해년1815, 순조 15 가을에 아버지께서 소남召南 조 씨趙氏 어른, 단계丹溪 권 공權公과 함께 문수산에 올라 유람하고 각각 4운시 한 수를 짓고 돌아오셨는데, 당시에 나는 아직 약관이 되기 전이어서 모시고 따라가지 못했다. 그래서 삼가 그 시에 차운하였다.

선비들 술병 들고 산꼭대기 오르니	羣賢携酒陟雲巓
깨끗한 띳집 암자 기이하게 걸려있네	蕭洒茅庵特地懸
갈매기 그림자 밖 바다 맑게 빛나고	鰲海澄輝鷗影外
와룡산 가을빛에 기러기 슬피 우네	龍山秋色鴈聲邊
바위는 서역의 천 년 부처 품었으며	巖藏西域千年佛
하늘은 동방의 팔도강산 감싸주네	天覆東方八点烟
그해 가을 함께 떠나 모시지 못했더니	未伴秋風陪杖屨
마침내 하룻밤에 선속으로 나뉘었네	居然一夜隔凡儒

정축년1817, 순조 17 9월, 종조부께서 외조부, 지계芝溪의 박공朴公, 마진麻津의 이공李公과 함께 문수산에 올랐는데, 나도 따라갈 수 있었다. 당시는 많은 비가

---

149) 송암(松菴): 이노(李魯, 1544~1589)의 호이다. 이노의 본관은 고성(固城), 자는 여유(汝唯), 호는 송암(松巖)이다. 조식(曺植)의 문인이며, 1590년 증광문과(增廣文科)에 급제하였다. 임진왜란(壬辰倭亂)이 일어나자 동생이지(李旨)와 함께 의병을 일으켰고, 경상우도초유사(慶尙右道招諭使) 김성일(金誠一)의 종사관(從事官)으로도 활약하였다. 이조판서(吏曹判書)에 추증(追贈)되었고, 낙천서원(洛川書院)에 제향(祭享)되었으며, 시호는 정의(貞義)이다. 저서로『송암문집(松巖文集)』, 『용사일기(龍蛇日記)』가 있다.

내린 뒤라서 초목이 시들지 않았고, 개울과 바위도 깨끗하고 갠 하늘 달이 대낮 같아 만 리가 함께 환하였다. 활기차게 즐기며 이리저리 돌아다니니 초연히 바람을 타고 노니는 감회가 있었는데, 종조부께서 정음오장正音五章을 읊조리니 그 소리가 청아하여 마치 하늘나라에 있는 것 같았으며, 또 승려 6, 7명이 가사를 걸치고 염불을 외우는 것도 들을 만하였다.

내가 삼가 외조부께서 부르는 운자에 따라 두 수를 읊었는데, 첫째 수는 다음과 같다.

덩굴 잡고 곧바로 만여 층 올라오니	捫蘿直上萬層餘
문수라 붙인 이름 헛된말 아니로다	名下文殊固不虛
구월의 솔바람이 속된 생각 씻어내고	九月松風消俗念
오래된 절집에는 선승만 남았구나	百年蘭若有禪居
승려는 손 모아 삼존불께 합장하고	胡僧叉手三分佛
유람객 가슴 열고 태반이 글을 짓네	遊客開襟太半書
담운에 기대어 맑은 기운 못 견디고	笑倚曇雲淸不勝
향산의 모임150)은 어떠했나 물어보네	香山結社問何如

---

150) 향산의 모임[香山結社]: 백거이(白居易)가 형부상서(刑部尙書)로 치사(致仕)하고 나서 만년에 시주(詩酒)를 즐기며 취음선생(醉吟先生)이라 자칭하였고, 향산(香山)의 스님 여만(如滿)과 함께 향화사(香火社)를 결성하고 서로 종유하면서 향산거사(香山居士)라 자칭하였으며, 또 다른 여덟 원로(元老)들과 구로회(九老會)를 결성하여 매양 서로 왕래하면서 풍류를 즐겼다 한다.

둘째 수는 다음과 같다.

머리 위 푸른 하늘 몇 자나 되는지	頭上青天幾尺餘
절벽을 부여잡고 허공에 매달렸네	攀崖緣壁若憑虛
산 앞엔 호호탕탕 거센 물결 넘실대고	山前浩蕩鯨波濶
바위굴엔 우뚝하게 돌부처 모셔있네	巖裡嵯峨石佛居
밝은 달은 유람객 흥취를 보태주고	慧月能添遊客興
승려는 옛날의 불경 책을 외우네	闍梨解誦古禪書
어찌하면 긴 바람 한 번에 몰고 가서	何當一駕長風去
푸른 물결 깨뜨리며 마음대로 노닐까	卽破滄浪任所如

시를 다 읊고 나서, 개연히 "길이 멀고 아득하니 한수와 남산은 바라보아도 보이지 않는구나"라고 탄식하였다.

산 가까이 있는 것들을 얘기하면, 옅은 구름 사이로 산허리만 나타났다 사라졌다하는 것은 삼가三嘉, 경남 합천의 황매산黃梅山[151]이요, 녹음 바깥에 전체를 드러낸 것은 함양咸陽의 지리산智異山이다. 진양성晉陽城을 굽어보면 구불구불하게 가로로 놓인 것이 마치 수천 필의 흰 비단을 펼쳐 놓은 것 같고, 동쪽으로 가야의 옛 도읍을 쳐다보니 성곽과 사람은 비록 옛날과 다르지만 산천은 변함없이 푸르게 빽빽하여 오히려 옛 나라의 기상이 있었다.

여러 봉우리 중에 오직 좌이산左耳山[152]만 남쪽에 우뚝하고, 바다에는 크고 작은 섬들이 멀리 혹은 가까이에 늘어서서 빙 둘러 옹위하고 있다. 동남쪽은 큰 바다로 축융祝融이 사는 곳인데, 선박이 오가고 물고기와 새가 나타났다 사

---

151) 황매산(黃梅山): 경남 합천군 대병면(大幷面)과 가회면(佳會面) 사이에 있는 산이다(1,104m).
152) 좌이산(左耳山): 경남 고성군 하일면(下一面)에 있는 산이다(416m).

라졌다하는 것을 글로 다 적을 수가 없어서 바다를 바라보며 시를 읊었다.

천지와 남해가 동방의 경계인데	天池南關限東藩
자라 등에 어렴풋이 낭원[153]이 나타나네	鰲背依微見閬園
밤낮으로 하늘땅이 기운을 호흡하고	日夜乾坤呼吸氣
봄가을로 기러기 그 문을 오가네	春秋鴻鴈往來門
문장의 도도함은 층류에서 취하고	文濤可取層流處
도의 본 모습은 근원에서 구한다네	道體須求不舍源
저물녘 풍광은 높은 품격 길이하니	光景晩來長一格
어부의 피리소리 죽림촌에 들려오네	數聲漁笛竹林村

또 다음과 같이 읊었다.

푸르른 원기가 천 길이나 뻗쳐있어	蒼蒼元氣直千尋
상전이 벽해됐다 허랑하게 말해보네	謾說桑田變古今
신선 사는 선경이 얼마나 멀겠는가	靈境神仙何渺漠
바다에는 새와 고기 저절로 높고 깊네	中流魚島自高深
고래 뿜은 물결이 옥구슬을 만드는데	鯨吹巨浪翻生玉
달빛 비친 긴 물결 금빛으로 일렁이네	月印長波動躍金
이날은 높이 올라 방도 있음 보았으니	是日登高觀有術
활수[154]를 가지고 속된 마음 씻으리라	剩將活水洗塵心

---

153) 낭원(閬園): 낭원(閬苑). 곤륜산(崑崙山) 꼭대기에 있는 낭풍산(閬風山)으로, 신선이 사는 곳이라고 한다.
154) 활수(活水): 주희의 「관서유감(觀書有感)」에서 "반 이랑 네모난 못 거울처럼 열려 있고/하늘과 구름 빛이 그
    속에 떠도네/묻노니 저 물은 어찌 저리 맑은가/근원에서 싱싱한 물 솟아나기 때문이지[半畝方塘一鑑開/天
    光雲影共徘徊/問渠那得淸如許/謂有源頭活水來]"라고 읊었다.

153

또 다음과 같이 절구를 지어 읊었다.

동남쪽은 오초처럼 시야가 탁 트이고	吳楚東南眼界通
산과 섬은 연꽃처럼 겹겹이 비치네	蓮花峰嶼暎重重
맹자의 관란[55] 뜻을 알고자 하였더니	欲知鄒聖觀瀾意
빈 곳을 채움[156]과 진퇴함에 이치 있네	理在盈虛進退中

기축년[1829, 순조 29] 5월, 다산茶山의 이치일李致一 군과 지계芝溪의 친척 형님 박치중朴致中 씨는 나와 문수산을 다시 유람하자고 약속하였다. 산에 올라 살펴보니, 새로 고친 절집은 단청이 아름다워 지난번보다 훨씬 빼어났다. 봉우리들이 겹겹이 이어지고 소나무와 잣나무는 짙은 그림자를 드리운 것은 옛날과 다르지 않았으나 다만 산속 승려들이 경박하여 세속에 물들어 가는 것을 깨달았다. 그러므로 내가 시를 지어 다음과 같이 읊었다.

문수산 다시 찾아 의상대에 오르자니	再訪文殊上義臺
솔바람 대바람 모두 함께 배회하네	松濤竹籟共徘徊
저 멀리 마을에서 첫닭 울음 들리자	纔聞遠樹晨鷄唱
동쪽 바다 떠오르는 아침 해를 보았네	已見扶桑海日來
만고의 등 넝쿨 흰 폭포에 늘어지고	萬歲枯藤懸白瀑
삼한의 늙은 바위 푸른 이끼 무성하네	三韓老石半靑苔
바람과 구름은 지난날과 똑같은데	風烟與昔渾無異

---

155) 맹자의 관란(觀瀾): 「맹자(孟子)」 「진심(盡心) 상(上)」에 "물을 관찰하는 방법이 있다. 반드시 여울을 보아야 할 것이니, 그러면 그 물의 근원이 있음을 알 것이다[觀水有術 必觀其瀾]"라는 말이 나온다.

156) 빈 곳을 채움: 「맹자(孟子)」 「이루(離婁) 하(下)」에 "근원이 좋은 물이 혼혼히 흘러서 밤낮을 그치지 아니하여 구덩이를 채운 뒤에 전진하여 사해(四海)에 이른다[原泉混混 不舍晝夜 盈科而後進 放乎四海]"라고 하였는데, 이는 곧 학문에 근본이 있음을 일컫는 말이다.

괴이타, 산승만 세속에 물들었네　　　　　　　　**怪爾山僧染俗埃**

시가 끝나자, 치일이 나에게 "내가 듣기에 그대는 지난날 홍류동천紅流洞天도 유람했다고 하던데, 지금 본 문수산의 경치와 가야산의 풍광을 비교하면 어떠한가?" 하기에, 내가 "문수산이 어찌 감히 가야산을 넘보겠는가. 갑신년1824, 순조24 가을, 과거시험을 마치고 가야산을 지나게 되어 홍류동을 방문하였네. 때는 9월이라, 녹음과 단풍이 어우러지고 봉우리는 칼을 세워놓은 것 같고 돌은 분칠은 한 것 같은데 곳곳에 고운孤雲의 글씨가 많이 남아 있었지. 물을 굽어보고 산을 바라보니 세상 근심이 모두 사라지고, 흐르는 물이 산을 에워싸기를 기다리기도 전에 없이 시비를 따지는 소리가 저절로 없어져[157] 진실로 제일의 계곡과 산이었다네.

그래서 나는 다음과 같이 4운시를 읊었지.

가야산 제일봉을 앉아서 즐기자니	坐愛伽倻第一峯
물위로 꽃잎 지며 퐁퐁퐁 소리 나네	落花潭水響淙淙
나그네 몇 번이나 저 달을 읊조렸나	幾回遊客吟中月
최고운 선생이 푸른 솔을 심은 뒤에[158]	雙老先生植後松
드높은 첩석대는 인간세상 아니더니	疊石高臺非俗境
무릉교 앞길에서 신선세계 밟는구나	武陵前路躡仙踪
가을되니 골짜기에 새 그림 펼쳐지고	秋來溪壑鋪新畫

---

157) 흐르는 …… 없어져: 최치원의 「제가야산독서당(題伽倻山讀書堂)」에서, "거친 물살 바위 치며 온 산을 울리니/사람들 말 지척에서 분간조차 어렵네/시비를 따지는 소리 내 귀에 들릴까/흐르는 물에게 온 산을 싸게 했네[狂噴疊石吼重巒/人語難分咫尺間/常恐是非聲到耳/故敎流水盡籠山]"라고 읊었다. 본문에서는 '聲' 자를 썼으나 내용상 최치원의 사를 인용한 것이 분명하므로 '籠' 자로 해석하였다.

158) 최고운 …… 심은 뒤에: 가야산에는 최치원이 활을 쏘던 곳이라는 학사대(學士臺)가 있고 그 위에는 최치원이 손수 심었던 소나무가 있다.

산속 집 단장하니 부귀한 모습일세　　　　　　　　粧点山家富貴容

또 절구를 지어 다음과 같이 읊었다네.

온 산이 알록달록 가을빛에 물이 드니　　　　　　滿山紅綠蘸晴秋
술병 들고 한가롭게 백석 물가 찾아왔네　　　　　携酒閒來白石洲
기이하고 좋은 경치 다 보지 못했으니　　　　　　特地烟嵐看未足
꽃피는 다른 날에 풍류를 이으리라　　　　　　　開花他日續風流

　시를 읊으며 돌아왔는데, 이 두 시를 보면 내가 홍류동을 얼마나 애틋해하
는지 알겠지. 문수산이 어찌 감히 가야산과 더불어 그 우열을 견주겠는가?"
하니, 치일이 "그렇군!" 하였다. 이야기를 주고받는 사이에 동녘이 이미 밝아져
서 함께 절밥을 먹고 내려왔다.

원문原文

文殊山者. 在邑治三十里之所. 盖自頭流落脉南來. 播作江右數邑之諸山.
而又折而西. 將爲臥龍之源也. 雖無包容含蓄之形. 而其峻極之勢. 縹緲之
熊. 足爲東南之第一也.
古有數間茅庵. 懸於石壁. 壁裡有天生之石. 髮髻人形. 佛家以爲文殊菩薩.
降臨於此. 故山名曰文殊. 庵名亦曰文殊. 蓋以是也. 龍蛇之亂. 松菴李先
生. 避地於此. 自號文殊山人. 事蹟具載於日記.
乙亥之秋. 家君與召南趙丈. 丹溪權公. 同登遊賞. 各占四韻一首而歸. 時

余以未冠. 不能陪從. 故伏次其詩曰. 群賢携酒陟雲巓. 蕭洒茅庵特地懸.
鰲海澄輝鷗影外. 龍山秋色鴈聲邊. 巖藏西域千年佛. 天覆東方八点烟. 未
伴秋風陪杖屨. 居然一夜隔凡僊.

丁丑九月. 吾從祖君. 與吾外王考. 芝溪朴公. 及麻津李公. 提携共躋焉.
余亦得從行也. 時當積雨之後. 草木未零. 泉石方潔. 霽月如晝. 萬里同輝.
方羊笑傲. 飄飄有御風之想. 而已從祖君爲歌正音五章. 其聲清婉. 若在霄
間也. 又有山僧六七人. 着袈裟唱念佛. 亦可聽也.

余謹次外王考呼韻二首. 其一曰. 捫蘿直上萬層餘. 名下文殊固不虛. 九月
松風消俗念. 百年蘭若有禪居. 胡僧義手三分佛. 遊客開襟太半書. 笑倚曇
雲清不勝. 香山結杜問何如.

其二曰. 頭上靑天幾尺餘. 攀崖綠壁若憑虛. 山前浩蕩鯨波瀾. 巖裡嵯峨石
佛居. 慧月能添遊客與. 闍梨解誦古禪書. 何當一駕長風去. 卽破滄浪任所
如. 吟竟. 慨然歎曰. 道途脩夐. 漢水南山. 望不可見矣.

卽其近者而論之. 徵雲之際. 出沒半腰者. 三嘉之黃梅也. 綠陰之外. 露現
全體者. 咸陽之智異也. 俯看晋陽之城. 則透迤橫亘. 如鋪數千條白練也.
東瞻伽倻之故都. 城郭人民. 雖非古時. 而山川蔥結. 猶有古國之氣像焉.

諸峯之中. 惟左耳雄於南方. 海上島嶼. 或大或小. 或近或遠. 皆爲羅立而
環拱矣. 東南則大海祝融宅焉. 船舶之往來. 魚鳥之出沒. 不可具狀也. 故
望海詩曰. 天池南闢限東藩. 鰲背依微見閬園. 日夜乾坤呼吸氣. 春秋鴻鴈
往來問. 文濤可取層流處. 道體須求不舍源. 光景晚來長一格. 數聲漁笛竹
林村.

又吟曰. 蒼蒼元氣直千尋. 謾訟桑田變古今. 靈境神仙何渺漠. 中流魚鳥自
高深. 鯨吹巨浪翻生玉. 月印長波動躍金. 是日登高觀有術. 剩將活水洗塵心.
又爲絶句曰. 吳楚東南眼界通. 蓮花峰嶼暎重重. 欲知鄒聖觀瀾意. 理在盈

虛進退中. 詩成朗吟而歸焉.

己丑端陽之月. 茶山李君致一甫. 及芝溪戚兄朴君致中氏. 約余復遊. 登臨觀眺. 則梵宇新經重修. 丹雘照耀. 倍勝於往日矣. 峰巒稠疊. 松柏陰翳. 無改於舊. 而但覺山僧之偸薄. 漸於世情也. 故余有詩曰. 再訪文殊上義臺. 松濤竹籟共徘徊. 纔聞遠樹晨雞唱. 已見扶桑海日來. 萬歲枯藤懸白瀑. 三韓老石半青苔. 風烟與昔渾無異. 怪爾山僧染俗埃.

詩畢. 致一甫問於余曰. 吾聞君昔遊於紅流之洞天矣. 今觀文殊之溪山風物. 何如伽倻水石乎. 余答曰. 文殊安敢望伽倻也. 甲申秋. 科記路過伽倻. 回訪紅流洞焉. 時維九月. 紅綠相暎. 峯如立劍. 石似塗粉. 間多孤雲筆跡. 臨水看山. 世念都忘. 不待流水之聾山. 而是非之聲. 自然銷息矣. 眞是第一溪山也.

故余爲四韻曰. 坐愛伽倻第一峯. 落花潭水響淙淙. 幾回遊客吟中月. 雙老先生植後松. 疊石高臺非俗境. 武陵前洛頭仙踪. 秋末溪壑鋪新畫. 粧点山家富貴容.

又爲絕句曰. 滿山紅綠醮晴秋. 携酒閒來白石洲. 特地烔嵐看未足. 開花他日續風流. 詠而歸焉. 觀此二詩. 則可知余之戀戀於紅流矣. 文殊豈敢與伽倻. 較其優劣哉. 致一曰然. 答詶之頃. 東方已白. 相與喫齋飯而下矣.

出전: 崔鼎鎭, 『花山集』「重遊文殊山記」

19

고성유기

古城遊記

이종휘李種徽

이종휘(李種徽, 1731~1797): 자는 덕숙(德叔), 호는 수산(修山), 본관은 전주(全州)이다. 조선후기 양명학자로서 정통 성리학이 다른 사상을 이단으로 배척하는 것에 대하여 강하게 비판하면서 주자학과 양명학을 객관적으로 공정하게 인식할 것을 주장하였다. 그가 지은 역사책인 『동사(東史)』는 민족의 기원을 단군—기자—삼한에서 출발하여 조선으로 이어진다고 보았으며, 부여와 발해를 민족의 고토(故土)로 인식하고 나아가 고구려를 중심축으로 역사책을 서술하고 있다. 또한, 역사와 지리를 결부하여 고증할 뿐만 아니라 각종 제도 개혁을 주장함으로써 실학파의 역사 인식을 갖고 있었다. 문집으로 『수산집(修山集)』이 있다.

해제解題

「고성유기古城遊記」는 이종휘李種徽, 1731~1797의 문집인『수산집修山集』의 기기에 수록되어 있다. 창산현昌山縣, 경남 창녕의 북쪽에 위치하고 있는 화왕산火旺山과 영취산靈鷲山의 고성을 돌아다니면서 그와 관련된 이야기나 자신의 감상을 기록했다. 고성의 세 연못 중에서 창녕조씨曺氏 시조가 나온 설화와 탐라耽羅, 제주의 고高·부夫·양良 등 세 성씨의 시조의 설화와 유사함을 말하고 있다. 또한 옛 성을 돌아보며 영남지역과 고구려·신라·발해·가야·삼한 등의 역사를 연관 지어 기록하였다.

국역國譯

화왕산火王山[159]은 창산현昌山縣, 경남 창녕의 북쪽에 있어 영취산靈鷲山[160]과 서로 이어진다. 위에는 고성古城이 있고 가운데에 연못이 셋 있는데 세속에 전하기로는 조 씨曺氏의 시조가 그 가운데 연못에서 나왔다고 하니, 탐라耽羅, 제주의 고高·부夫·양良 세 성씨가 그런 것과 같다. 그 연못은 깊이 고인 물이 시커메서 깊이를 헤아릴 수가 없다. 성 아래는 관룡사觀龍寺[161]로 이 절은 신라 진흥왕 때에 건립되었는데, 진흥왕은 양梁나라 무제武帝와 원제元帝 때에 재위하였으니, 성이 언제 만들어졌는지는 알 수 없다. 임진왜란 때, 홍의장군 곽재우郭再祐[162]가 근방

---

159) 화왕산(火王山): 경상남도 창녕군 창녕읍 말흘리와 고암면 우천리의 경계에 위치한 산으로 지금은 화왕산(火旺山)이라고 한다. 높이는 758m이다.

160) 영취산(靈鷲山): 경상남도 창녕군 영산면에 있는 산으로 높이는 739m이다.

161) 관룡사(觀龍寺): 경상남도 창녕군 창녕읍 옥천리 관룡산(觀龍山) 서남쪽의 화왕산에 있는 절로 신라 8대 사찰 중의 하나이며 통도사의 말사(末寺)이다.

162) 곽재우(郭再祐, 1552~1617): 자는 계수(季綏), 호는 망우당(忘憂堂), 본관은 현풍(玄風)이다. 1585년(선조 18) 별시(別試) 문과에 급제하였으나 답안지에 왕의 뜻에 거슬린 글귀가 있었기 때문에 파방(罷榜)되었다. 이 일

의 너덧 읍을 이끌고 들어와 지켰고, 그 후에 꽤 수축해서 무너진 지가 오래되지는 않았다고 한다.

창녕은 청도淸道와 고령高靈 사이에 있는데, 옛 이서伊西[163]·대가야大伽倻의 경계이다. 그 서북쪽의 언덕에는 큰 무덤이 겹겹이 쌓여 높이는 십여 척이요, 넓이는 백 평으로 대개 옛 왕후공경의 무덤이라서 나무꾼이나 목동이 그 안에 들어가면 자주 옛 그릇 따위를 얻는다. 삼한과 삼국 시대에 한강 이남은 81개 나라였는데, 영남에 특히 많았다. 신라의 수도는 지금 경주에 있어서 북쪽과 매우 멀고, 이서와 대가야는 팔공산八公山 남쪽을 나누어 점령했다가 후에 신라에 멸망하였으니 큰 무덤과 성은 모두 그 시대의 물건일 것이다.

이서는 세상에 전해지는 역사책에서 고증할 수가 없는데, 신라 유례왕儒禮王[164] 때에 이서라는 옛 나라가 신라를 침범해 죽장릉竹長陵, 미추왕릉까지 이르렀

로 과거를 포기하고 은거하다가 1592년 4월 14일 임진왜란이 일어나 왕이 의주(義州)로 피난하자 같은 달 22일 제일 먼저 의령에서 수십 명의 사람을 모아 의병을 일으켰다. 의병의 군세는 더욱 커져 2천에 달하였고, 5월에는 함안군을 수복하고 정암진(鼎巖津, 솥바위나루) 도하작전을 전개한 왜병을 맞아 싸워 대승을 거두었다. 이때 홍의(紅衣)를 입고 선두에서 많은 왜적을 무찔렀으므로 '홍의장군'이라고도 불렸다. 1597년 정유재란 때 경상좌도방어사(慶尙左道防禦使)로 임명되어 다시 벼슬길에 나아가 화왕산성(火旺山城)을 수비하면서 왜장 가토(加藤淸正)군을 맞아 싸웠다. 그는 병마절도사·삼도수군통제사·한성부 좌윤 등 여러 차례에 걸쳐 관직제수를 거부하고 낙향을 거듭하였는데 당쟁으로 나라의 형편이 날로 어지러워질 뿐만 아니라, 통제사 이순신(李舜臣)이 죄 없이 잡혀 올라오고, 또 절친한 사이인 광주의병장 김덕령(金德齡)이 이몽학(李夢鶴)의 난에 휘말려 죽는 등의 일련의 사태를 보고 더는 관직 생활에 미련을 두지 않았다. 1709년(숙종 35) 병조판서 겸 지의금부사에 추증되었으며 시호는 충익(忠翼)이다. 저서로는 『망우당집(忘憂堂集)』이 있다.

163) 이서(伊西): 신라 초기에 복속된 주변에 있던 소국의 이름으로 지금의 경상북도 청도군 이서면과 화양읍 일대에 있었던 것으로 비정된다. 다른 성읍국가와 마찬가지로 이서국에 대해서도 문헌에는 별로 보이지 않고 있다. 『동국여지승람(東國輿地勝覽)』권26 청도군 건치연혁조(建置沿革條)에 의하면, 신라 제3대왕인 유리왕 때 멸망하고 그 뒤 솔이산(率伊山)·경산(驚山)·오도산(烏刀山)에 있는 세 성과 합쳐 대성군(大城郡)이 되었다고 한다. 또 『삼국유사(三國遺事)』권1 이서국조에 보면, 신라 제3대왕인 유리왕 14년(37)에 이서 사람이 금성(金城)을 쳤다고 되어 있다.

164) 유례왕(儒禮王): 신라 제3대 유리왕을 말한다. 『삼국유사(三國遺事)』권2에는 유례이사금 14년(297)에 이서국이 신라를 침공하자 신라는 대병으로 막았으나 이를 물리치지 못하였다. 이때 홀연히 이병(異兵)이 나타나 신라병과 연합하여 이를 물리치게 되었는데, 이 이병이 어디로 사라졌는지를 알 수 없었다고 한다. 그런데 사람들은 선왕인 미추왕의 왕릉인 죽현릉(竹現陵)에 죽엽(竹葉)이 쌓인 것을 보고, 선왕이 음병(陰兵)으로 신라를 도운 것으로 믿었다고 한다. 또, 『삼국유사(三國遺事)』권1 미추왕 죽엽군조(味鄒王竹葉軍條)에도 비슷한 내용이 기록되어 있다.

다가 신병神兵에게 패하였다고 한다. 대가야는 수로왕의 다섯 형제 중 하나로, 그 중엽에 가실嘉悉이라는 왕이 금琴을 만들었는데, 금이 완성되자 검은 학이 뜰에서 춤을 추었다고 하니, 지금 세상에 전하는 가야금이 이것이다.

계유년1753. 영조 29 삼월 그믐에 고을 선비 두셋과 함께 읍의 뒤에서 유람하다가 서쪽 언덕을 타고 북쪽 산에 올라 고성의 아래에서 왔다 갔다 하다가 성벽 돌 색이 누렇게 그을리고 이끼만 푸르게 낀 것을 보았다. 겹겹이 쌓인 큰 무덤이 몇 조각 낙조와 어지러운 대나무 사이로 은은히 비쳤다. 내가 그 시절을 묻고 싶어도 그 사적과 기록이 남아있는 것이 없는데, 하물며 남아있는 늙은이의 경우야 더 말해 무엇하겠는가? 하물며 훌륭한 사관史官 집안의 자손과 강역疆域 속의 검석劍舄[165]에 대해서는 더 말해 무엇하겠는가? 아아, 슬프도다. 세속이 동방의 일에 대해서는 소략하고, 살피지 않으니 비록 신라와 고려가 근대 일지라도 왕왕 그 흥망의 대부분을 알지 못한다. 우리 같은 자들이 그 땅에 살면서 그 일을 모른다는 것은 더욱 안 될 일이다.

드디어 시냇가 돌에 늘어앉아 눈먼 악사 하처원河處遠에게 가야금을 뜯게 하고 검은 학을 춤추게 하였던 음률을 타도록 하였다. 돌아와 기록하여 남국의 이야기에 붙일 따름이다.

원문原文

火王山. 在昌山縣治北. 與靈鷲山相連. 上有古城. 中有三池. 俗傳曺氏始
祖出其中池. 如耽羅高夫良三姓之爲者. 其池泓渟黛蓄. 深不可測. 城下爲

---

165) 검석(劍舄): 중국의 황제(黃帝)가 죽은 후, 교산(橋山)에 장사지냈는데, 산이 무너지면서 텅 빈 관(棺)이 나타났고 그 속에는 오로지 황제의 칼과 신만 남은 데서 유래되어 죽은 후의 흔적을 뜻한다.

觀龍寺. 寺新羅眞興王時所建. 而眞興王. 梁武帝元帝時在位. 城之始. 無
可徵. 壬辰倭變. 紅衣將軍郭再祐. 率傍近四五邑. 入保焉. 其後頗修築.
而廢亦不久云.

昌之爲邑. 在淸道高靈間. 故伊西大伽倻之境. 而西北之丘. 大冢纍纍. 高
可十數尺. 廣幾一畝. 盖古王侯公卿之葬. 而樵牧入其中者. 往往得古器皿
之屬. 當三韓三國之際. 漢水以南. 爲八十一國. 而居嶺南尤多. 新羅國都
在今慶州. 距北甚遠. 伊西大伽倻. 分據八公山南. 後皆爲新羅所滅. 盖大
冢及城. 皆其時物也.

伊西世本東史無可考. 而新羅儒禮王時. 伊西古國. 侵新羅. 至竹長之陵.
爲神兵所敗. 大伽倻. 首露五昆弟之一. 而其中葉. 有王嘉悉者. 作琴. 琴
成而玄鶴舞於庭. 今世所傳伽倻琴是也.

癸酉三月之晦. 從鄕紳二三子. 遊於邑之後. 登西丘上北山. 彷徨於古城之
下. 見石色黃煤. 苔蘚蒼老. 纍纍大墳. 望之. 隱暎於殘照亂竹之間. 余欲
問其世. 而其史籍圖記. 亦無存者. 而況於遺老乎. 況於淸門之子孫. 莊中
之劒舃乎. 噫嘻悲夫. 世俗於東方事. 略而不觀. 雖羅麗近代. 往往不知其
興亡大槩. 如二三子居其土而不知其事. 尤不可也.

遂列坐溪石上. 命盲師河處遠. 鼓伽倻之琴操. 玄鶴之遺音. 歸爲記. 以附
南國故事云爾.

출전: 李種徽, 『修山集』「古城遊記」

20

우두산기

牛頭山記

이인상 李麟祥

이인상(李麟祥, 1710~1760): 자 원령(元靈), 호는 능호(凌壺)·보산자(寶山子), 본관은 전주이다. 시·서·화에 능해 삼절(三絶)이라 했고, 그림에는 산수, 글씨에는 전서(篆書)·주서(籀書)에 뛰어났으며, 인장(印章)도 잘 새겼다. 저서에 『능호집(凌壺集)』, 그림에 『설송도(雪松圖)』, 『노송도(老松圖)』, 『산수도(山水圖)』 등이 있고, 글씨에 『대사성 김식표(大司成金湜表)』가 전한다.

해제解題

「우두산기牛頭山記」는 이인상李麟祥, 1710~1760이 우두산을 유람한 기록한 것이다. 우두산은 가조창加祚倉, 경남 거창에 위치하고 있는 산이다. 필자가 산을 오르면서 보았던 것을 기록하였는데, 하견암下見菴·대원만大圓맘·적석담積石湛·남연藍淵·상견암上見菴 등에 대해서 볼 수 있다. 강생원降生院에서 만난 승려들과 함께 칠성봉七星峰 중 가장 높은 봉우리이면서 과거에 의상義湘, 625~702이 살았었다는 의상대義相臺에 올라갔다. 벼랑을 부여잡으면서 상봉上峰에 오르고자 하였으나, 길이 너무 험해서 오르지 못하였다. 이에 강생원에서 내려오면서 봉우리를 다시 돌아보니 사람의 기를 질리게 만든다고 기록하였다.

국역國譯

가조창加祚倉[166]을 지나면서 멀리 우두산牛頭山[167]을 바라보니 다만 뱀처럼 구불구불한 하나의 무더기일 뿐인데, 꼭대기에 죽순처럼 삐죽삐죽한 바위가 있으니 원모대遠暮臺라고 하였다. 산 아래에서 북쪽을 바라보니, 비로소 꼭대기의 세 봉우리를 볼 수 있었는데, 보일 듯 말 듯 눈에 어른댔지만 원모대는 보이지 않았다. 또 우뚝한 붓을 허공에 괴어 놓은 듯한 봉우리가 있으니, 사신대捨身臺라고 하였다.

---

166) 가조창(加祚倉): 가조는 경상남도 거창 지역의 옛 지명이며, 창은 세곡을 보관하던 곳이다.

167) 우두산(牛頭山): 경상남도 거창군 가조면과 가북면에 걸쳐 있는 산(높이는 1,046.3m)으로 산의 형세가 소머리를 닮았다하여 우두산이라 불린다. 전체 9개 봉우리 중에서 의상봉(義湘峰)이 제2봉이지만 주봉인 상봉보다 인기가 많아 봉우리의 이름이 산 이름으로 알려진 경우도 많다. 산 전체의 이름을 별유산으로 부르기도 하며, 상봉을 별유산으로 부르기도 한다. 의상봉에 올라가면 가야산·덕유산·지리산을 비롯해 장군봉·상봉·비계산(1,126m)·처녀봉·박유산 등을 한눈에 내려다볼 수 있다.

골짜기 입구에 이르니 세 봉우리가 점점 숨었는데 돌아보아도 사신대는 보이지 않았다. 작은 개울을 건너고 숲을 지나 백여 걸음쯤 가니 하견암下見菴이라는 작은 절이 있었다. 불전佛殿 뒤에는 대원만大圓滿이 있었는데 쌓인 흙이 높이 솟아서 소나무와 풀이 무성하게 우거졌고 개울물이 찰찰거리며 대원만을 갈아낼 듯 건물 아래로 흘렀다. 남루南樓에 올라 올려다보니 세 봉우리가 삐죽삐죽하여 마치 불꽃에 구름이 증발하는 듯 하늘 끝에서 휘황찬란하게 대원만의 왼쪽에 나타났다.

마침내 가마를 타고 개울을 따라 백여 걸음쯤 가니 적석담積石潭이 있었는데, 푸른빛이 좌우로 펼쳐져 있고, 가운데가 볼록한 그 위에 작은 외나무다리를 가로놓았다. 물이 왼쪽에서 한 길 남짓한 골짜기로 빠르게 쏟아지는데, 골짜기가 그윽하고 콸콸대는 깊은 못이 바르고 곧아 아낄 만하니, 남연藍淵이라고 하였다. 조금 가서 서쪽을 바라보니 돌부리가 줄지어서 동쪽으로 달리는 것이 바로 원모대가 다시 나타난 것이었고, 세 봉우리도 점점 나타났다가 사라지는데 왼쪽은 높고 오른쪽은 낮았다. 어지러운 돌 비탈길을 따라 올라가니 이어진 등성이가 끊이지 않고 가로막아 마치 길이 없고 더위 잡아 오르기도 어려울 듯하여 드나드는 곳을 알지 못하였는데, 물이 네댓 줄기로 나뉘어 쏟아져 내렸다.

서쪽으로 바라보니 한 봉우리가 꼭대기를 드러냈는데, 바로 사신대였다. 물길 따라 왼쪽으로 올라가니 사신대와 원모대가 함께 사라지고, 홀연히 날카로운 절벽이 마주 대하여 버티고 있었는데, 십여 장 폭포가 걸려 있으면서도 못을 만들지는 못하고, 빠르게 쏟아지며 흐르는 것이 비류동飛流洞이니 곧 상견암上見菴 입구였다. 폭포 왼쪽에서 신을 벗고 절벽을 따라 올라가서 서쪽을 바라보니 대원만이 있었는데, 또한 쌓인 흙이 높이 솟아서 중후하게 하늘을 받치고 섰다. 꼭대기에 세 봉우리가 잇닿아 높이 솟았다가 숨었는데 그중 하나가 대원만 동쪽에 드러났다. 대원만의 모양은 둥글고 크지만, 봉우리 모양은 멀고 높아 구름 밖으로 우뚝하여 모양새가 높고 엄숙하니, 뭇 산을 거만하게 노려 보는 기운이 있는데 조금만 가니 가려지고, 잇닿은 산등이가 또 이어졌다.

동쪽에 사발을 엎어 놓은 것 같은 봉우리 하나가 있는데, 증암甑巖이었고, 서쪽에 봉우리 하나가 상투같이 아스라하게 드러난 것이 원모대였다. 조금 가 니 뭇 봉우리들도 살며시 자취를 감추었는데, 서쪽으로는 바라보면 바위너설 이 오히려 달리는 듯이 개울을 건너고, 왼쪽에 줄지어 섰던 것들은 다시 숨었 다. 돌이 가마를 칠 듯이 솟아서 마치 괴이한 구름처럼 예닐곱 장이나 비스듬 히 기대선 것이 있으니 원효대元曉臺였다. 또 서북쪽으로 조금 가니 산의 나무 가 헝클어져 골짜기 입구를 막고 있는 것을 볼 수 있었는데, 늙은 전나무가 그 가운데에 서 있어서 형세가 대원만과 어금버금하였다.

산꼭대기의 세 봉우리가 갑자기 나뉘어져 예닐곱 개가 되어 점점 줄어들면 서 비스듬히 서 있었는데 삼림이 수려하여 눈에 가득 차고, 신령스럽게 밝으 며 기묘한 변화가 사람으로 하여금 뚫어지게 바라보게 하고 정신을 아찔하게 하다가 개울을 건너니 점점 흐릿한 수풀 속으로 숨었다. 출몰하는 두어 봉우 리는 수풀의 나무가 온 골짝을 채우고, 물은 보이지 않고 소리만 들렸는데 마 치 거문고나 경쇠를 연주하는 듯하여 기뻐할 만하였다. 숲이 끝나자 늙은 전나 무가 비로소 전신을 드러내며 오래된 석당石塘 가에 서 있고, 작은 암자가 산에 기대어 남쪽을 향하였는데 '고견암古見菴[168]'이라고 편액하였다. 강생원降生院이 큰 석대石臺를 등지고, 증암이 그 왼쪽에 비치며, 앞에 있는 작은 언덕은 반구 盤龜라고 하였다. 상봉上峰을 올려다보니 온통 바윗덩어리로, 마치 한 무더기 구 름과 같았는데 조용하고 고요하여 가슴에 담을 만하였다. 이 일대를 칠성봉七

---

168) 고견암(古見庵): 경상남도 거창군 가조면 수월리 우두산에 있는 사찰인 고견사(古見寺)에 딸린 암자인 듯하 다. 한때 견암(見庵), 견암사(見庵寺·見巖寺), 견암선사(見庵禪寺)라고 불렸다. 신라 애장왕(哀莊王, 800~809) 때 순응(順應)과 이정(理貞)이 창건하였다. 사찰 뒤에 의상대사가 참선하던 곳이라 하여 의상봉이라 불리는 봉우리가 솟아 있다. 숙종이 원효대사를 기려 내린 강생원(降生院)을 비롯하여 높이 80m의 고견사 폭포, 최 치원이 심었다는 은행나무, 의상대사가 쌀을 얻었다는 쌀굴 등은 유명하다.

星峰이라 하였는데, 가장 높은 봉우리가 '의상대義相臺'였다. 강생원에는 홍민弘敏이라는 승려가 살면서 자못 고요함을 익히고 있었는데 바위샘을 끌어다가 먹으니, 우두산의 수원이 이곳이었다. 강생원에서 묵었다.

다음 날 아침. 이슬에 씻긴 숲을 헤치고 석대 왼쪽에서 가마를 끌고 올라서 강생원 뒤쪽 봉우리를 굽어보니 처음에는 우뚝한 붓과 같았으나, 상봉이 웅크렸다가 오르고 곧바로 뛰어내리면서 칠봉七峰이 되고 탁필봉卓筆峰이 되는데, 마치 비스듬한 칼 같고 무너지는 구름 같았다. 날카로운 성가퀴가 깎아질러 하늘을 떠받치고 동서로 십여 개의 작은 봉우리가 날아올라 둘러싸는데, 모두 산 아래에서는 보이지 않는 곳에 있던 것이 산등성이와 의상봉을 에워싸고 있었다. 솜대169)가 무성하여 가마 메는 승려가 자주 넘어져서 가마를 버리고 벼랑을 부여잡으며 동쪽으로 돌아 십여 장을 올랐다. 북쪽을 향해 석대 위에 앉으니, 상봉은 여전히 허공에 걸려 있는데, 높디높아서 얼굴을 칠 듯하고, 등 뒤에는 천 길 거대한 골짜기가 있어, 혼이 달아날 것 같았다. 부여잡고 올라갈 곳을 올려다봐도 수십 조각 돌무더기뿐이었는데, 밟으니 덜거덕거렸다.

승려 세 명과 종 한 명에게 웃옷을 벗고 올라가게 했는데, 돌무더기를 지나자 길이 곧 끊어져 손가락을 붙이고 배로 밀면서 가로로 돌아 뱀처럼 구불구불 기어간 길이 넓이는 몇 장이 되고 높이는 열 길이어서 모두가 눈앞이 어찔어찔하고 혼이 다 나갈 지경170)이었는데, 모퉁이를 돈 뒤에는 조용히 아무 소리도 없다가 조금 있더니 소리를 지르며 도로 내려와서 "올라갈 때보다 더 힘들었습니다"라고 하였다. 옛 승려가 살던 암자 터가 있는데 깨진 기왓장만 돌 웅덩이에 남았을 뿐이고, 위로 상봉을 올려다보면 여전히 허공에 걸려 있어 오를 수 없다고 하였는데, 의상義相이라는 승려가 살았다는 곳이었다.

---

169) 솜대: 볏과에 속한 대의 하나이다.

170) 혼이 다 나갈 지경[神入爪髮]: 조발은 조발낭[爪髮囊]인 듯한데, 조발낭은 장례 때 관 속에 넣는 작은 주머니다. 염습할 때에 시신의 손발톱을 깎고 흐트러진 머리카락을 주워 이것에 담는다.

강생원으로 돌아와서 홍민과 잠시 이야기를 나누었다. 홍민이 나를 전송하며 늙은 전나무 아래 석당 가에 이르러, "여기가 호계(虎溪[171])로군요"라고 하였다. 봉우리 빛을 돌아보니, 다시 사람으로 하여금 기가 질리게 하였다.

원문原文

過加祚倉. 望見牛頭山. 特蛇然一堆. 而山頭有石如苞筍. 名爲遠暮臺. 從山下北望. 始見上頭三峰. 隱現動目. 而不見遠暮臺. 又有峰如卓筆拄空者曰捨身臺.

至洞口. 三峰又漸隱. 而回望不見捨身臺. 渡小溪穿林百餘步. 得小寺. 名曰下見菴. 佛殿後有大圓巒. 積土成高. 而松卉蒨蔚. 有澗流琤然. 磨巒底殿脚而過. 上南樓仰見. 三峰參差. 如火焰而雲蒸. 燄煌天末. 現于大圓巒之左.

遂輿行循澗百餘步. 有積石湛. 碧色左右展開而中凸. 上橫小杠. 水從左驟瀉丈許洞. 洞幽鳴泓. 勢方直可愛. 名爲藍淵. 少行西望. 石角齒齒東馳者. 卽遠暮復現. 而三峰又暫現而隱. 左高右低. 從亂磴而上. 連岡絡繹橫鎖. 若無路難緣. 不知出入. 而水分四五道瀉下.

西望一峰又露頂. 卽捨身. 而循水左而上. 俄失捨身遠暮. 忽有悍壁對峙. 懸瀑十餘丈. 不能成潭而奔瀉洗洗者. 名爲飛流洞. 卽上見菴洞門也. 從瀑左脫屣. 緣壁而上. 西望有大圓巒. 又積土成高. 而重厚撐空. 上頭三峰崱

171) 호계(虎溪): 진(晉)나라 때 여산(廬山) 동림사(東林寺)의 고승(高僧) 혜원법사(慧遠法師)가 당시의 명유(名儒)인 도잠(陶潛), 육수정(陸修靜)과 노닐다가 그들을 전송할 때, 서로 의기가 투합한 나머지 이야기에 마음이 팔려 자기도 모르는 사이에 호계(虎溪)를 건너가 범 우는 소리를 듣고서야 비로소 정신을 차리고 세 사람이 서로 대소(大笑)했다는 고사에서 온 말로, 전하여 승속(僧俗)이 서로 어울려 친밀하게 지냈음을 의미한다.

刃隱. 其一現于巒東. 巒勢圓大. 峰勢高遠. 亭亭雲表. 體面尊嚴. 有傲睨衆山之氣. 少行而隱. 連岡又絡繹.

東有一峰如覆盂. 名爲甑巖. 西有一峰微露如髻. 卽遠暮也. 少行衆峰又寂然滅影. 而西望石角猶奔馳渡澗. 而左齒齒者又隱. 而有石撞輿突起. 如怪雲倚立六七丈者. 名爲元曉臺. 又少行西北. 仰見山木髼鬠. 鎖斷洞口. 而有老檜中立. 勢與大圓巒相敵.

上頭三峰忽分身作六七. 漸殺而側立. 森秀滿眼. 靈明奇幻. 令人凝望神竦. 而渡溪漸隱隱隱林裏. 出沒數鬟. 而林木滿谷. 不見水而聞聲. 如奏琴磬可悅. 林盡而老檜始露全身. 立古石塘上. 有小菴倚山面南者. 扁曰古見菴. 降生院負大石臺. 甑巖映其左. 前有小皐. 名曰盤龜. 仰見上峰. 全身純石. 只如一堆雲. 寂然可念. 總名爲七星峰. 而絶頂曰義相臺. 院中有僧弘敏者居之. 頗習靜. 引巖泉以食. 水源於此. 宿院中.

翌朝. 披林濯露. 從石臺之左. 曳輿而上. 俯見院後峰. 始如卓筆. 而上峰蹲伏奔騰. 一直馳下. 爲七峰爲卓筆. 如偃劒如崩雲. 悍堞戌削排空. 而東西十餘小峰. 飛騰擁護. 皆在山下所不見者. 遠山脊遶義相峰. 綿竹簌簌. 輿僧屢顚. 舍輿攀崖. 東轉而上十餘丈. 北面坐石臺上. 上峰猶在半空. 巀巀拍面. 而背後巨壑千仞. 神爲之傷. 仰見攀緣處則累石十數片而已. 躡之搖戞.

使僧三人從隷一人. 解衣而上. 過累石. 路便絶. 粘指摩腹. 橫旋蛇行者. 澗可數丈. 高卽十仞. 箇箇眼光迸出. 神入爪髮. 轉過後寂然無聲. 少焉始歡呼還降. 而比登時更難云. 有古僧菴墟. 殘瓦在石窪處而已. 仰見上峰. 猶在半空. 不可上云. 所謂僧義相居處也.

還至降生院. 與弘敏少話. 敏送余至老檜下石塘上曰. 以此爲虎溪. 回望峰色. 重令人惝慌.

출전: 李麟祥『凌壺集』「牛頭山記」

경상남도 유산기목록(110편)

	저자	작품명	출전	간년
1	김종직(金宗直) (1431~1492)	遊頭流錄	『佔畢齋集』 (文集, 卷之二)	1520년
2	이륙(李陸) (1438~1498)	智異山記	『青坡集』 (卷之二, 記)	미상
3	이륙(李陸) (1438~1498)	遊智異山錄	『青坡集』 (卷之二, 記)	미상
4	남효온(南孝溫) (1454~1492)	遊天王峰記 丁未	『秋江集』 (卷之四, 記)	1921년
5	남효온(南孝溫) (1454~1492)	智異山日課	『秋江集』 (卷之六, 雜著)	1921년
6	김일손(金馹孫) (1464~1498)	頭流紀行錄	『濯纓集』 (卷之五, 錄)	1925년
7	조식(曹植) (1501~1572)	遊頭流錄	『南冥集』 (卷之二, 錄)	1609년
8	양대박(梁大樸) (1543~1592)	頭流山紀行錄	『青溪集』 (卷之四, 文)	미상
9	박민(朴敏) (1566~1630)	頭流山仙遊記	『凌虛集』 (卷之二, 雜著)	1811년경
10	유몽인(柳夢寅) (1559~1623)	遊頭流山錄	『於于集後集』 (卷之六, 雜識)	1832년
11	조위한(趙緯韓) (1567~1649)	遊頭流山錄	『玄谷集』 (卷之十四, 錄 二首)	1658년
12	양경우(梁慶遇) (1568~?)	歷盡沿海郡縣仍 入頭流賞雙溪神興紀行錄	『霽湖集』 (卷之十一)	1647년
13	조찬한(趙纘韓) (1572~1631)	天王峰祈雨同行記	『玄洲集』 (卷之十五, 記)	1710년
14	허목(許穆) (1595~1682)	智異山記	『記言』 (卷之二十八 下篇, 山川 下)	1692년
15	허목(許穆) (1595~1682)	智異山靑鶴洞記	『記言』 (卷之二十八 下篇, 山川 下)	1692년

16	박장원(朴長遠) (1612~1671)	遊頭流山記	『久堂集』 (卷之十五, 記)	1730년
17	김지백(金之白) (1623~1671)	遊頭流山記	『澹虛齋集』 (卷之三)	미상
18	이동항(李東沆) (1736~1804)	方丈遊錄	『遲庵集』 (卷之三)	1790년
19	석응윤(釋應允) (1743~1803)	智異山記	『鏡巖集』 (卷之下, 記)	미상
20	석응윤(釋應允) (1743~1803)	頭流山會話記	『鏡巖集』 (卷之下, 記)	미상
21	하익범(河益範) (1767~1813)	遊頭流錄	『士農窩集』 (卷之二, 雜著)	미상
22	송병선(宋秉璿) (1836~1905)	頭流山記	『淵齋集』 (卷之二十一, 雜著)	1907년
23	송병선(宋秉璿) (1836~1905)	智異山北麓記	『淵齋集』 (卷之二十一, 雜著)	1907년
24	황현(黃玹) (1855~1910)	游方丈山記	『梅泉全集』	미상
25	양회갑(梁會甲) (1884~1961)	頭流山記	『正齋集』	미상
26	정종엽(鄭鐘燁) (1885~1940)	錄	『修堂遺稿』	미상
27	김수민(金壽民) (1623~1672)	三洞遊山錄	『明隱集』	미상
28	이동항(李東沆) (1736~1804)	三洞山水記	『遲菴集』	미상
29	송심명(宋心明) (1788~1850)	三洞記	『病窩集』	미상
30	최유윤(崔惟允) (1809~1877)	三洞記	『夢關集』	미상
31	김기요(金基堯) (생몰년 미상)	三洞記行	『小塘集』	미상
32	송심명(宋心明) (1788~1850)	月淵岩同遊記	『病窩集』	미상

33	이건창(李建昌) (1852~1898)	遊尋眞洞記	『明美堂集』 (卷十, 記)	1917년
34	송병선(宋秉璿) (1836~1905)	遊安陰山水記	『淵齋集』 (卷之二十二, 雜著)	1907년
35	노진(盧禛) (1518~1578)	遊長水寺記	『玉溪集』 (卷之五, 記)	1632년
36	신호인(申顥仁) (1762~1832)	登吾道山記	『三洲文集』	미상
37	윤우학(尹禹學) (생몰년 미상)	遊吾道山記	『思誠齋集』 (卷之五)	미상
38	석홍유(釋泓宥) (1718~1774)	遊山陰智谷寺記	『秋波集』 (卷之三, 記)	1780년
39	김창흡(金昌翕) (1653~1722)	嶺南日記	『三淵集拾遺』 (卷之二十八, 日記)	1732년
40	정구(鄭逑) (1543~1620)	遊伽倻山錄	『寒岡集』 (卷之九, 雜著)	1841년
41	이중무(李重茂) (1568~1629)	伽倻錄	『柑溪集』	미상
42	허목(許穆) (1595~1682)	伽倻山記	『記言』 (卷之二十八 下篇, 山川 下)	1962년
43	유척기(兪拓基) (1691~1767)	遊伽倻記	『知守齋集』 (卷之十五, 記)	1878년
44	정위(鄭煒) (1740~1811)	遊伽倻山記	『芝厓集』 (卷之四)	미상
45	최흥원(崔興遠) (1705~1786)	遊伽倻山錄	『百弗菴集』 (卷之十三, 雜著)	1816년
46	문정유(文正儒) (1761~1839)	伽倻遊記	『東泉集』	미상
47	송병선(宋秉璿) (1836~1905)	伽倻山記	『淵齋集』 (卷之二十二, 雜著)	1907년
48	이병규(李炳奎) (생몰년 미상)	遊伽倻山記	『紫山遺稿』	미상
49	이호윤(李顥潤) (생몰년 미상)	遊伽倻山錄	『進川集』	미상

50	송심명(宋心明) (1788~1850)	遊山記	『病窩集』	미상
51	하수일(河受一) (1553~1612)	遊黃溪瀑布記	『松亭集』 (卷之四, 記)	1939년
52	김인섭(金麟燮) (1827~1903)	仙遊洞水石記	『端磎集』 (卷之十, 記)	미상
53	송심명(宋心明) (1788~1850)	落水岩同遊記	『病窩集』	미상
54	송병선(宋秉璿) (1836~1905)	丹晉諸名勝記	『淵齋集』 (卷之二十一, 雜著)	1907년
55	김인섭(金麟燮) (1827~1903)	遊集賢山記	『端磎集』 (卷之十, 記)	미상
56	송심명(宋心明) (1788~1850)	德川山水記	『病窩集』	미상
57	정약용(丁若鏞) (1762~1836)	再游蘗石樓記	『與猶堂全書』 (第一集詩文集第十四卷文集, 記)	1934~1938년
58	이호대(李好大) (1901~1981)	南遊山錄	『中齋集』	미상
59	하수일(河受一) (1553~1612)	遊青巖西岳記	『松亭集』 (續集 卷之二, 記)	1939년
60	하수일(河受一) (1553~1612)	南磵記	『松亭集』 (卷之四, 記)	1939년
61	하수일(河受一) (1553~1612)	西谷記	『松亭集』 (卷之四, 記)	1939년
62	하수일(河受一) (1553~1612)	遊德山獐項洞盤石記	『松亭集』 (卷之四, 記)	1939년
63	김종덕(金宗德) (1724~1797)	玉溪遊山錄	『川沙集』 (卷之九, 記)	19세기
64	정재규(鄭載圭) (1843~1911)	岳陽亭會遊記	『老栢軒集』 (卷之三十四, 記)	미상
65	송심명(宋心明) (1788~1850)	淨衿湖泛舟記	『病窩集』	미상
66	송심명(宋心明) (1788~1850)	東遊記	『病窩集』	미상

67	송심명(宋心明) (1788~1850)	東遊海上記	『病窩集』	미상
68	송심명(宋心明) (1788~1850)	龍門水石記	『病窩集』	미상
69	송심명(宋心明) (1788~1850)	鋪淵水石記	『病窩集』	미상
70	신정(申晸) (1628~1687)	南行日錄	『汾厓遺稿』 (卷十二, 日錄)	미상
71	조임도(趙任道) (1585~1664)	遊觀錄	『澗松集』 (別集 卷之一, 序說 錄 記)	1744년
72	김인섭(金麟燮) (1827~1903)	遊傅巖山記	『端磎集』 (卷之十, 記)	미상
73	정위(鄭煒) (1740~1811)	遊錦山記	『芝厓文集』 (卷之四)	미상
74	하익범(河益範) (1767~1813)	錦嶽聯勝錄	『士農窩文集』 (卷之二, 雜著)	미상
75	송병선(宋秉璿) (1836~1905)	錦山記	『淵齋集』 (卷之二十一, 雜著)	1907년
76	석홍유(釋泓有) (1718-1774)	遊三嘉默房寺記	『秋波集』 (卷之三, 記)	1780년
77	문경호(文景虎) (1556~1609)	君子溪記	『嶧陽集』 (卷之三, 記)	1803년
78	양이정(楊以貞) (생몰년 미상)	火旺遊山錄	『嶧陽集』 (卷之三)	미상
79	신지제(申之悌) (1562~1625)	月影臺記	『梧峯集』 (卷之六, 記)	1740년
80	허목(許穆) (1595~1682)	月影臺記	『記言』 (卷之二十八 下篇, 山川 下)	1692년
81	동계사(東溪師) (생몰년 미상)	載岳山記	『東溪集』 (卷之三 [文], 記)	미상
82	조임도(趙任道) (1585~1664)	過從錄	『澗松集』 (別集 卷之一, 序說 錄 記)	1744년
83	신호인(申顥仁) (1762~1832)	金剛菴遺墟記	『三洲文集』 (卷之三, 記)	1924년

84	조긍섭(曺兢燮) (1873~1933)	遊白淵記	『巖棲集』 (卷之二十, 記)	미상
85	양이정(楊以貞) (생몰년 미상)	景釀臺同泛錄	『淸洲集』 (卷之六)	미상
86	조임도(趙任道) (1585~1664)	景釀臺下船遊記	『澗松集』 (卷之四, 記)	1744년
87	안정(安侹) (생몰년 미상)	武陵山同遊錄	『道谷集』 (卷之二)	미상
88	김만현(金萬鉉) (생몰년 미상)	遊熊神錄	『晩休堂逸集』 (卷之二, 雜著)	미상
89	문경호(文景虎) (1556~1620)	東行錄	『嶧陽集』 (卷之三, 雜著)	1803년
90	정약용(丁若鏞) (1762~1836)	南湖汎舟記	『與猶堂全書』 (第一集詩文集第十四卷 文集, 記)	1934~1938년
91	안병두(安柄斗) (1881~1927)	南遊錄	『東隱遺稿』 (卷之一)	미상
92	이종기(李鍾杞) (1837~1902)	遊南湖錄	『晩求集』 (卷之八, 雜著)	1907년
93	송심명(宋心明) (1788~1850)	金海山水記	『病窩集』	미상
94	안경시(安景時) (1712~1794)	遊載藥山錄	『晩悔集』 (卷之四, 雜著)	1912년
95	동계사(東溪師) (생몰년 미상)	神魚山白蓮庵記	『東溪集』 (卷之二, 記)	미상
96	박시찬(朴時燦) (1842~1905)	南遊錄	『蓮溪文集』 (卷之三)	1937년
97	김인섭(金麟燮) (1827~1903)	錦山記行	『端磎集』 (卷之八, 雜著)	미상
98	이인상(李麟祥) (1710~1760)	錦山記 戊辰	『凌壺集』 (卷之三, 記)	1779년
99	이교문(李敎文) (1878~1958)	錦山紀行	『止齋遺稿』 (卷之五, 雜著)	미상
100	이만운(李萬運) (1736~1820)	遊錦山記	『默軒集』 (卷之七, 記)	1938년

101	남학명(南鶴鳴) (1654~1722)	遊錦山記	『晦隱集』 (第二, 記)	미상
102	김면운(金冕運) (1775~1839)	錦山夢遊錄[乙酉]	『梧淵集』 (卷之四, 雜著)	1927년
103	최정진(崔鼎鎭) (1800~1868)	重遊文殊山記	『花山集』	미상
104	송상기(宋相琦) (1657~1723)	遊雞龍山記	『玉吾齋集』 (卷之十三, 記)	1760년
105	이종휘(李種徽) (1731~1797)	古城遊記	『修山集』 (卷之三, 記)	1799년
106	조병덕(趙秉悳) (1800~1870)	昌寧蘇谷祠記	『肅齋集』 (卷之二十, 記)	1903년
107	이인상(李麟祥) (1710~1760)	牛頭山記	『凌壺集』 (卷之三, 記)	1779년
108	송병선(宋秉璿) (1836~1905)	德裕山記	『淵齋集』 (卷之二十一, 雜著)	1907년
109	오두인(吳斗寅) (1624~1689)	頭流山記	『陽谷集』 (卷之三, 記)	1762년
110	배재헌(裵在憲) (1884~1919)	南遊紀行	『菊齋遺稿』 (卷之一)	미상